彼からの「大好き！」が止まらなくなる

“不安0％の恋”をはじめる方法

高橋あい

大和出版

はじめに　〝不安のない恋愛〟に欠かせないたった1つのこと

「私に幸せな恋愛は無理なのかな」
「ずっと彼を追いかけ続けるのが苦しい」
「この人も、いつか私から離れていってしまうんだろうか」
「私はどうせ、愛されないんだ……」

気づけばいつも苦しい恋愛に悩み、〝普通の幸せ〟を手に入れている女性を羨んでいる同志・妹たちへ、声を大にして言いたいことがあります。
それは、**「愛される恋愛は、誰にでもできる」**ということです。

この本では、「どうしたらあんな風になれるんだろう？」と、私が長い間憧れと寂しい気持ちを抱えながら〝ずっと愛され続けている女性たち〟を研究して探り出した、

・愛される女性たちがどうやって男性に接しているのか
・男性が女性に本当に求めているものはなんなのか

の答え。それを、実際に私自身の人生でたくさんのトライ&エラーを繰り返しながら、最終的にたどり着いた〝男性からの愛され方〟について解説しています。

10年間のシングルマザー生活を経て、5年前に再婚し2年前に第二子を出産、そしてこの秋第三子を出産した私。

おかげさまで主人と子どもたちと幸せに暮らしながら、「恋愛コンサルタント」として、悩める女性の相談をお受けしたり、恋愛講座を開催したりしています。

元々、私は〝超〟の付くこじらせ女子でした。

付き合うまでこそスムーズでしたが、お付き合いがはじまると、はじめは好きだと言ってくれていた彼も、なぜかいつもだんだん冷たくなり、時には暴言を吐かれるなど、いつも泣いてばかり。

幸せな関係を継続できないのがお決まりのパターン。

恋愛に悩んで会社を休むこともしょっちゅうだったし、失恋すると転職するという恋愛中心の生活……。

男性に好かれようと頑張っている一方で、自分の自信のなさから男性を信頼できず、不安や不信感でいっぱいの〝寂しい恋愛〟ばかりしていました。

しかし今の私には、以前の自分の恋愛がなぜうまくいかなかったのか、手に取るようにわかります。

私のところへ相談に来てくださる女性たちもそうなのですが、私たちは不安や焦りからくる間違った頑張りかたをしているのです。そうすると、いい恋愛や結婚には結びつきません。

〝頑張りすぎる〟背景に実は、「そのままの自分では好かれない」という前提があります。

ですから、うまくいく恋愛・結婚の一番のポイントは、**「好かれていると思ってコミュニケーションをとること」**です。

「めんどくさい女」「重いと思われているかも……」と不安になり、頑張りすぎるのではなく、「私は彼に好かれている」と信じて肩の力を抜いて接してください。

私が開いている講座の生徒さんたちも、恋愛がなかなかうまくいかず悩んでいる多くの女性たちと同じ悩みを抱えています。

たとえば、ある30代の生徒さんは、自分が好きになれず、恋愛で、ほんの少しでも不安要素のある出来事が起きるたびに落ち込み、一方的に自ら男性と距離を取って、うまくいかなくなる恋愛を繰り返していました。

けれど、〝好かれている前提〟で彼と向き合うようにしたことで、まず**自分のことが好きになり、自分の選択を信頼できるようになりました。**

そして、連絡の頻度や結婚のタイミングなど、彼自身が覚悟を決めることと、自分が求めるものが違っていても、それを自分の価値などとすぐに結びつけず、見守れるようになりました。その結果、大好きな彼と結婚することになりました。

他にも、講座の生徒さんやブログの読者さんは、「なにも頑張っていないのに、前より愛されるようになった」「自分に自信が持てるようになった」と言ってくださいます。

冷たくなっていた彼が頻繁に会いたがるようになった、お付き合いをして数ヵ月でプロポーズされたという報告も、頻繁にいただくようになり、幸せな結婚生活を送っている〝仲間〟も増え続けています。


愛された経験がなくても、自信がなくても、大丈夫！

この本を読み終わる頃には、〝幸せになれるあなた〟になっているはずです。

失敗したっていいんです。

一緒に「どうせ、愛されない」から卒業しましょう！


頑張ってきた女性にこそ、報われてほしい。

愛されていることを、いつも実感できる〝不安0％の恋愛〟を手に入れて、これまでの人生で一番の幸せを味わってください！

高橋あい

〝不安0％の恋〟をはじめる方法　目次

第2章 まずは〝私〟に恋しよう♡

第3章 男の本音を知れば簡単に愛される

第4章

気になる彼が追いはじめる仕組み

第5章

愛を長続きさせる方法

DTP　一企画
装丁使用写真　©hi-bi/amanaimages
著者写真撮影　高倉顧佑希

第 *1* 章

“不安0％の恋”をはじめるには？

尽くされると冷める男、尽くすと欲しくなる女

好きな人に尽くす女性は多いですよね。

モーニングコール、マッサージ、送り迎え。はたまた、土日のスケジュールを空けておくとか、彼好みの服を着るとか、眠くても連絡を待つとか……。

ライトからヘビーまで、私たちは恋をすると無意識に男性に尽くしてしまう。


でも、もしあなたが大好きな彼に愛されたいのなら〝尽くさない〟こと。

なぜなら、**女性は「尽くすほど、相手への要求が多くなる」**からです。

「これだけしてあげたんだから、当然だよね」

「こんなに頑張ってるんだから、愛してくれるよね」

尽くすほど、彼に「貸しを作っている」ような気持ちになって、どんどん見返りを求めてしまいます。

反対に、**男性は、「尽くされるほど、冷めるもの」です。**

本来ハンターである男性が、頑張らず獲物をゲットできることに〝手応え〟を感じることはありません。

男性が口でどんなに、「世話好きなタイプの女性が好き」「尽くしてくれる女性に憧れる」などと言っていても、女性から一方的に世話を焼かれたり、尽くされたりすれば、その女性に魅力を感じなくなってしまいます。

女性は男性の言葉を鵜呑みにしやすいけれど、**彼のチェックすべきポイントは〝行動〟です。「口で何と言おうと信じるべからず」なのです。**

そして、尽くすほど「もっと◯◯してよ！」と要求ばかり増える女性と、尽くされるほど気持ちが萎えていく男性によって、よくある〝女性が追いかけている苦しい恋愛〟ができあがってしまいます。

〝尽くさない〟メリットは、驚くほどたくさんあります。

まず、女性側に「やってあげたのに」という気持ちがないので、彼への不満がありません。だから、いつもご機嫌でいられます。

また、男性に何かをしてもらったときも、「いつも頑張っているのは私だから、これくらい当然」という態度ではなく、彼の好意を純粋な気持ちで受け取れます。

男性にとって、いつだって自分を優先し、自分の言動に影響されて、自分の言いなりになっていく女性は、「調子に乗ってしまう」相手になり、やがて「つまらなく」感じるようになります。

男性は、〝少し頑張らないといけない女性〟が、一緒にいてメリットを感じるものの。

女性が尽くさず自分を優先することは、男性にとって嬉しいハードルになるのです。

手を抜けば、もっと愛される

多くのこじらせ女子に共通すること、それは、**“やりすぎ”ているこ**と。

「良かれと思って」
「やってあげたくて」
「もっと役に立ちたくて」
「感謝されたくて」

そのほとんどが、頼まれてもいないのにごはんを大盛りにして「食べて♡」と言っているようなもの。それじゃあ、オカンまっしぐらです。

いいですか？ **ついつい尽くしてしまう女性にとって、「全然やっていない」くらいの対応が、男性にはちょうどいい。**もっと手を抜いていいんです。

私もついつい「手をかけて」しまう長女体質。

良かれと思って、彼の帰宅時間に合わせてご飯を準備したり、お風呂を沸かしたりしてしまう。

そして、帰宅時間が予定より遅くなると、勝手に憤慨《ふんがい》してイライラするタイプ（笑）。

「〜してあげたのに」といくら思っても、男性からしたら頼んでもいないことです。

手を抜いて、見返りを求めないスタンスでいられると、「ありがとう」がたくさんもらえて、愛されます。やりすぎないいくらいが見返りを求めません。**やってあげた分、感謝されるわけじゃない。**そこが大きなポイントです。

彼に頼まれてないことはしない。どんどん手を抜いてくださいね♡

バレンタインチョコはあげなくていい

イベントが好きな女性は多いですよね。

バレンタイン前になると、何をあげようかワクワクしたり……。

尽くしたい女だった私は、常に、彼に何かをプレゼントすることばかり考えていたので、バレンタインも絶対にあげる派でした。

バレンタインだけじゃなく、何かご馳走になったら、次のデートではハンカチや靴下をお返ししたり、サプライズでネクタイを買ったり、頼まれてもないのに尽くす尽くす！　自分がプレゼントしてもらった以上のお返しをすることもよくありました。

でも、**本当に愛されたいのなら、バレンタインチョコはあげてはいけません。**

もし、あなたの「彼にプレゼントをあげたい！」と思う気持ちに、見返りを求めないのなら問題はありません。

けれど、多くの女性が「気持ちに応えてほしい！」と、**無意識に彼のご機嫌取りのような、愛してもらうための交換条件のような行動を取っています。**

見返りを求めているんです。


私は夫と付き合っている時に、バレンタインチョコはあげませんでした（なぜかホワイトデーはもらいましたが）。でも、もしあげるとしたら、彼が「チョコが欲しいな」と言ってきた場合に、「どんなチョコが欲しいの？」と聞いて、リクエストのまま買って渡すだけです。

頼まれたことをするだけで、絶対に喜ばれます。逆に、頼まれてもいないことをしておいて、「〜してあげたのに！」と不機嫌になっていては本末転倒です。

また、**どちらか一方が、〝やってあげる人〟になると、どちらかは、〝もらう人〟になります。**

「彼に喜んでもらいたい！」とせっせと〝何か〟を与える係になることは、彼をどんどん〝受け取る係〟にしてしまうのです。

勝手に与えておいて、「もっと私に返してよ‼」と怒り出したときには、彼はもう、何かをしてあげたいモードではなくなっていることがほとんどです。

やってあげることを手放しても、絶対に大切にされます。

「でも、チョコをあげなかったらかわいそう！」。そう思うなら、なおさらあげなくて大丈夫です（笑）。

チョコも誕生日プレゼントもクリスマスプレゼントも、何もあげてなくても「大好き♡」と愛されている女性がいることを知ってください。

思いっきり楽しんだら手を離す

彼氏ができると、24時間常に「恋愛モード」になってしまう女性は多いですよね。会っているときだけでなく、会っていないときにも、「付き合っているモード」「つながっていたいモード」。

常に私を大事な彼女として追いかけていてほしいという気持ちから、LINEや電話の対応で、ちょっと蔑《ないがし》ろにされると、心配になったりイライラしたり……。

でも、**人間関係にはメリハリが大事**です。離れている時間、連絡が取れない時間があるからこそ会いたくなるし、つながりたくなるもの。

それを常につながっていようとすると、〝つながらない時間〟が欲しくなり、逃げたくなってしまいます。それが人間の心理です。

ですから、**恋愛モードは会っているときだけにして思いっきり楽しみ、あとは束**

縛しないことが大切なのです。

実際、過去の私もずっとつながっていたい人でした。

〝付き合っている〟というのは、「デートを楽しむ」というよりも、〝会っていないときにどれだけつながっていられるか〟だったように思います。

だから、会っていないときにも、たくさんの要望を彼に押し付けていました。

そこで私は、そんな自分を変えるために、彼と楽しい時間を過ごして帰宅したら、玄関の砂時計をひっくり返す〝砂時計の儀式〟をしていました。その儀式が、デートタイム、そして恋愛モードの終了を意味します。そこからは自分に集中し、彼との時間を忘れるようにするのです。

すると、**彼の恋心に水を差すことなく、実際に会っているときは、彼もあなたもすごく楽しめるようになります。**

会っていないときに、見張ったり、監視したり、束縛したりするのは、恋愛寿命を縮めるのでくれぐれも注意してくださいね♡

自分から切り上げる

講座の生徒さんから聞くお悩みの一つに、「自分から〝帰ろう〟と言えない」問題があります。

私も、自分から切り上げることがとても苦手で、友達同士の飲み会でも朝までいたい、帰りたくないタイプでした。

でも、**恋愛に関しては自分で舵を取ること、つまり、女性側が主導権を握ることが大切**です。

彼が「帰ろうか」と言うまでは、できるだけ一緒にいたい。そんな関係性ができてしまうと、〝追われる恋愛〟ではなく、〝常にあなたが追う恋愛〟ができあがってしまいます。

女性が追う恋愛は、余裕がないもの。不安が多くなってしまいます。

自分からデートを切り上げること、「もう少しいいじゃん」と相手を少し寂しくさせることに、慣れていくことが大事です。

でも、ただ切り上げればいいわけではなくて（ただの冷たい人になっちゃう笑）、二人の時間をしっかり楽しんだ上で、自分から切り上げるメリハリがポイントなのです。

一緒にいるときは思いっきり甘える。可愛く、優しく、ちょっとわがままに思いっきり女子をやる。そして、**シンデレラのように時間が来たら、さっと帰る。**

相手に少し寂しい思いをさせることは、恋愛上手の鉄則。

流されてしまいそうで自信のないあなたは、デートの前に帰る時間の目安を決めておくこと！

すると、また次のデートが一段と楽しくなるし、彼から頻繁に誘われるようにもなりますよ！

寂しい女から卒業する

それは、私が22歳のピチピチギャル（笑）だった頃。

最初の結婚生活に悩んで、ある掲示板に重くてネガティブな長文の相談を書き込んだとき、顔も名前も知らない人に言われた言葉が、そのあとの私を変えました。

『今までのあなたの人生は、〝寂しい〟からやってきたことの繰り返しじゃないでしょうか。今、また〝寂しい〟気持ちから、間違った選択をしないようにしてください』

この時はじめて、**これまでの男女関係での失敗は、寂しさが原因だった**と気づきました。

そして、寂しいから「間違いを起こそうとしている」と目が覚めたのです。

寂しい関係が好きな人は、離れていきそうな人を好きになります。

愛される関係より、寂しい関係のほうが切なさや苦しさを感じ、恋をしている実感が持て、楽しいような錯覚をしているのかもしれません。

でも、寂しい女は愛されません。寂しくて、真面目な女性は都合のいい女になりやすいのです。

自分が悪いのかなとすぐに反省するし、わりと言いなりだし、いつも一緒にいたいし、すぐに一緒に住もうとするし、他の男と遊ばないし、しっかり働く……。

致命的な寂しい女の特徴が三つあります。

❶違いを否定されたくなくて、「自分の意見が言えない」

自分の考えをきちんと伝えなければ、あなたには自分の意見がないと解釈されてしまい、彼は一緒にいても飽きてしまいます。

❷わかってほしいから、「すべてを知ってほしくてしゃべりすぎる」

人は、自分のことをたくさん話すと、その分大切なことを共有して理解してもらえたと解釈するので、話した相手を好きになり、執着します。

❸ 捨てることや手放すことが怖いから、「別れを選択することができない」

何かを失う寂しさよりも、少しガマンして奴隷でいたほうがいいと思ってしまう。

これらのことから、いいように使われる女に自然となってしまいます。

寂しい女を卒業するためには、大切にされる女性になることが必要です。大切にされる女性は、男性から愛を拾います。

たとえば、デートの約束をしたときに、彼から「たぶん大丈夫」と言われたとき、寂しい女性は「たぶん」に反応し、「私のこと、そんなに好きじゃないんだ。だったら無理しなくていいのに」と思ってしまいます。

「たぶん」を拾う寂しい女性は、男の人のやる気や愛を奪う、ダメ男製造機。自分が不幸に操られるように、自分で持っていくのが好きなのです。

だから、「たぶん？　難しいんだったら、無理しなくていいよ」と余計なことを言います（笑）。無理しなくていいと本当に思っているなら、逆に、「無理してね♪」と言えるもの。無理しなくていいと口に出すのは、イコール「あなたに愛されたい」という願いの証拠です。

一方、彼に大切にされる女性は、「たぶん大丈夫」から、「大丈夫」を拾います。

余計な一言はなしで、シンプルに「OK♡」と「ありがとう♡」しかありません。

愛を拾えない人は、ちょっとでも自分を愛さない発言があったら、見逃しません（笑）。

それでは、普通に優しくて、普通にお仕事をしている、普通の男子を、あなたから遠ざけてしまいます。そして、どんなに素敵な男性であっても、不安を拾ってしまうので、幸せな恋愛ができる相手は存在しなくなってしまうのです。

普通の男子を遠ざけたくなかったら、寂しい女を卒業し、男性の言葉や態度から愛を拾う〝大切にされる〟女性になりましょう♡

恋愛は趣味にする

恋愛とは、自分の人生を、より楽しくしてくれるもの。なくても困らないけれど、あるとより楽しい人生になる〝趣味〟みたいなもの。

娯楽だと思って軽く考えているほうが絶対うまくいきます。

ですから、もしあなたが趣味の域を超えて恋愛をしているのなら、恋愛を重く考え過ぎているかもしれません。そんな人は、〝彼〟に依存していることが多々あります。


彼に依存してしまう理由は、**一人では幸せを感じられず、〝誰か〟がいないと人生を楽しめないシステムが脳内にできているから**です。

それは〝誰か〟ではなく〝誰かの承認〟の場合もあります。

私に〝彼に依存するシステム〟ができたのは、子どもの頃、父の顔色ばかりを伺っていたことが原因でした。父が笑っていれば私はいい子、怒っていればダメな子だと思い込み、父の機嫌によって私の〝幸せ指数〟が左右されていました。

そしていつの間にか、自分の顔色＝自分の気持ちを後回しにして、他人の機嫌ばかりを気にしてしまうようになりました。

つまり、「誰かの許可がないと自分の幸せを感じられない」仕組みができあがってしまったのです。そうして、恋愛をすれば、毎回彼の反応や顔色を気にすることが中心になり、やがて依存するようになりました。

過去の私のような〝他人基準〟の人に知ってほしいのは、**自分の楽しさには〝誰の承認もいらない〟ということ。**

自分の人生を幸せに楽しく生きることに、誰の許可もいりません。

自分の気持ちを優先し、自分一人で楽しい気持ちになってもいいのです♪

悩んでいる方の話を伺っていると、彼の顔色や愛情で、自身の楽しさや幸福度を決めています。
彼とうまくいっていれば信じられないくらい絶好調だけれど、ひとたび彼とうまくいかなくなれば、「どうしたら彼に愛されるか」ばかりを考えてしまい、不安と寂しさ、空虚感に襲われています。

恋愛は、一人でも幸せな人生を〝より楽しくするオプション〟。
恋愛は、趣味と同じでもっと人生を楽しむためにある娯楽。
もっと軽〜く捉えていいのです。
楽しめる範囲を大事にしましょう♡

心配になったら「何もしない」

思ったような返信が返ってこないとき、そもそも返信がないとき、もしかしたら怒っているかもしれないと感じたとき、なんとなく冷たく感じたとき、心に湧き上がる「私、何かしちゃったかな」という思い。

そんな罪悪感を勝手に持つたびに、「フォローしなきゃ」「機嫌をとらなきゃ」と慌てて何かをしようとしてしまうことがありますよね。

でも、**心配になったときこそ「何もしない」こと。**

自分がやったことに、一人で勝手にまずかったかなと思い込んでフォローをしないこと。不安からの行動をやめることです。

何かしたくなるのは、自分が間違っていないか、嫌われていないかを、今すぐ確認しようとするからです。

たとえば、彼から連絡がないから、電話を掛けてみて出なかったとしましょう。そのあとの、折り返しの連絡もなく、「あ〜、掛けなければよかった……」と思って、「忙しいところごめんね！　掛け直さなくていいから！」、なんてＬＩＮＥしちゃう過去の私のような人（笑）。

そのフォローのＬＩＮＥは必要ないんです。

なぜなら、「忙しいのに悪いな」と本当に思っていたら、絶対に電話を掛けないから（笑）。そういういらないＬＩＮＥが癖付くと、どんどん平気で電話をするようになり、またフォローしたくてたまらなくなります。

生徒さんを見ていても思いますが、フォローをする人は、フォロー癖が付いています。

フォローをしない（何もしない）と決めると、どんな行動、発言をするときにも、「これを言って（やって）、後悔しないかな？」と、一度自分と向き合うようになります。そうすると、自分の扱い方も丁寧になりますし、感情に任せたアクションが圧倒的に減ります。そもそもの在り方が変わってくるのです。

恋愛では、自分の感情をコントロールできないほうの負けです。だから、**愛されたかったら、いつでも「何もしない♡」ことです。**

何もしないというのは、「心配しない」ということ。

何もしなければ何も起きませんし、相手の反応を心配して感じる不安は、フォローしてみたところで一瞬しか消えません。また同じことが起きて、同じ不安に振り回されるだけ。

何もしなければ、忘れた頃に何事もなかったように返信が来たり、楽しい会話をしていたりする現実が現れます。

「ああ、余計なことしなくてよかった……」と思うような展開に必ずなる。

何よりも、自分を信じられるようになります。

何かしたくなったら、何もしない。心配しない。

焦ったり不安になることなく、状況が好転する秘訣です♡

〃払いたい女〃になる

お悩みランキングに必ずランクインしてくる、デート中のお会計問題。

私の生徒さんは超がつくほど真面目な女性が多く、「お金を払ってもらうときに悪いと思ってしまう」「お財布は出した方がいいの？　全部出してもらっていいの？」と悩むようです。


でも、そんなことで悩む必要はありません。**奢ってもらって、そのせいで振られることはない**からです。

私も奢ってもらったら嬉しい反面、「何かしなくちゃ……」と律儀に考えてしまうタイプだったので、「お財布を出すか出さないか」の、もんもんとした葛藤はよくわかります。

育った環境や初めて付き合った彼氏など、大昔に脳内にセットされた価値観はなかなか変えられません（実際、私の友達は「女は財布なんか出すな」と初めての彼氏に言われてから、とても奢られ上手なままその後も過ごしていました）。

男心から言えば、

- **男性は、デートの食事ぐらい自分が払うものだと思っているし払いたい**
- **だけど、当たり前の態度は嫌。せめてお財布を出すふりだけしてほしい**

が正解です。

ご飯をご馳走するのは、かっこいい自分を認めてほしいから。当たり前の顔をしてご馳走することで、あなたを喜ばせ、そして、お礼を言われたいのです。

ですから、あなたはお財布を出しつつ、彼がお支払いしてくれたら、「ご馳走になっていいの？　いっぱい食べちゃったのに……」「すごく嬉しい！　ありがとう

♪」と、さらっと大切にされる側をやればいいと思います。

ただ、私が重要だと思うのは、お支払いのことよりももっと違う部分で彼を大事にしているかどうかです。

どれだけお会計に気を遣い、悪いなと思っていても、普段「なんで、もっと会ってくれないの?」「なんで、LINEの返事が遅いの??」なんて言っていたら、その気遣いに意味はないと思います。

彼が奢ってくれるのを気にする愛があるのなら、いいところも悪いところも、ありのままの彼を「全部ステキじゃん! 大好きだよ!」と思ってあげられるほうにエネルギーを使ってください。

「オレといると、いつも楽しそう」これに勝るものはありません。

「払いたい」「払う」「払ってよかった」そう思える女性であることを大事にしましょう。

彼女をにこにこ幸せにできているということは、彼の「自信」につながります。
自信があふれてきたら、彼は必ず、プロポーズしたくなるはずです。

学校では習わなかった、愛され方

「一生懸命彼に尽くせば、愛してくれる」「彼から愛をもらうには、頑張らないと！」と思い込んでいる女性はとても多いです。

私も、自分の頑張りと〝もらえる愛〟は比例すると思っていた一人。
愛されたかったら、自分が頑張らなければいけないとずっと思ってきたし、自分が頑張ればどうにかなると思っていました。そして、うまくいかないことがあれば、「自分の頑張りが足りなかったからだ……」と自分を責めてきました。

でも、愛し方と愛され方は違うのです。
愛され方とは、「愛を受け取ること」です。ただ、やってもらうこと。

生徒さんでも、「やってもらうだけって苦手です!」「何かを返さないとって思います!」とよく言われますが、愛されるって「返す」ことでも「頑張る」ことでもないのです。

何か頑張りたいなら、「受け取ること」を頑張ってください。


「やらない」を頑張る。

受け取ることが上手なほど、もっと愛されるようになります。

女性がせっせと「愛を与える」側をやっていると、男性は頑張る必要がなくなって、自然と「受け取る」側になってしまう。


恋愛をこじらせている女性は、相手にNOと言われることを極端に恐れます。

絶対にYESと言わせたくて、彼を喜ばせようと必死になる。

それは、「受け取る」側の人間を作る方法です。

ただ、彼の愛を「ありがとう」と受け取ることを頑張りましょう。

愛され方とは、受け取ること、追わせてあげること、尽くされてあげること。

そして、自分を優先することです。

愛され方がわからない人に、最初にお伝えするのは、**「やってもらうことを意識してください」**ということ。

コンビニでジュースを買ってもらうこと、迎えにきてもらうこと、自分から何かを頑張ろうと必死に気遣いをするのではなく、喜ぶことを頑張ってほしいのです。

生徒さんがこれをやった結果、受け取れば受け取るほど、彼が喜んで頑張ってくれるようになったそう。

「何も頑張っていないのに、すごく色々してくれるようになってびっくりです！」

と嬉しい感想をよく頂きます。

受け取ること、喜ぶこと、それが愛され方。

頑張らないほうが、彼は頑張ってくれるようになりますよ！

彼の提案は、遠慮しないで！　受け取ってください♡

第 2 章

まずは“私”に恋しよう♡

一冊のノートをお供に、自分と向き合う

あなたに質問です。あなたがもし男性だったとしたら、女性の今のあなたとお付き合いしたいと思いますか？

「ＹＥＳ！」と答えられるのなら、それはあなたが自分に〝恋〟できている証拠です。

愛されたいと思うのなら、まず、自分で自分を愛していることが大事。

自分がわかっていない自分の魅力を、他人にわかってもらうのは難しいもの。

そのためには、**「自分がどんな人間であるかを正しく知ること」が大切**です。自分をきちんと知っていれば、自分をコントロールすることもできるからです。

自分を知るためには、いろいろな方法がありますが、私がずっと続けているのは**「ノートに感情を書く」**こと。

ノートに自分の気持ちを吐き出すことで、「私」は何が好きで、何が嫌いなのか、どんな言葉やできごとに反応するのか、どんなことにテンションが上がって、どんなことにテンションが下がるのか。そんな、世界にたった一人しかいない自分を知ることができます。


私がノートに感情を書き出しはじめたのは、20代後半の頃。

当時の彼にひどいことを言われ、言い返すことができなかった私が、その怒りの気持ちをノートに吐き出したことがきっかけでした。

そのノートは「怒りノート」と名付けられ、イライラしたとき、うまくいかないときに感情の殴り書きを続けました。

ある日、何ページにものぼっていた怒りノートを読み返していると、私は重大なことに気付いたのです。

それは、「毎回、同じポイントで怒っている」ということ。

できごとや言われたことは違えど、私は一貫して「なんでわかってくれないの？」

というメッセージを書き続けていました。

それは、「どうせ誰も私のことをわかってくれない」という気持ち。

私の怒りの原因はいつも、「私はわかってもらえない」という寂しさからきていたのです。


ノートの書き方に、決まりはありません。私の場合は自分がなんだかモヤモヤしたとき、イライラしたときに、「なんかイライラする」「こんなことを言われてこう思った」「なんでこうしてくれないんだろう」、そんな**ありのままの気持ちを吐き出していました。**

最初はそれだけでOK。

ページが貯まっていくと、ふと見返してみたときに、「ん？　私っていつもこんなことを書いてるな」とか、「私ってこれを言われるとイライラするんだな」とか、新しい発見があるはずです。

そのうち、気持ちを吐き出すことに慣れてきたら、セルフカウンセリングができるようになります。

書きながら、

「なんでそう思ったの？」

「本当は何をわかって欲しいの？」

「どうなったら嬉しい？」

「なんて言って欲しかった？」

などと質問しながら自分の気持ちを整理していくのです。


自分の怒りを書き出した頃から10年が経ち、今でも続けている私の「ノート」は、楽しいとき、テンションが上がったときにも書くようになり、落ち込んだときにはどうしたらすぐに元気になれるのか、ノートを見返せばわかるようになりました。

すっかり私は〝自分のことに詳しく〟なり、常に自分自身が理解できるようになったのです。

このノートのワークを、私の講座では皆さんにやっていただいています。

最初は半信半疑で、「何を書いたらいいかわからないです……」と言っていた生徒さんも、書いているうちに、「私っていつも拗ねてるみたい」「私ってバカにされたくない気持ちが強いのかな？」「男の人を敵だと思ってしまっているのかも」と、いろんなことに気付きます。

自分を理解することは、とっても楽しいもの。

自分がわかれば、他人にもわかってもらえるようになります♡

「私、こういうところあるからごめんね！」って先に言っておくことだってできるし、彼に「どうしたら元気になる？」と聞かれたとき、「これが大好きで、すぐ元気になれるよ！」と自分の取説を伝えることもできます。

時々ノートをサボると自分の中にいろんなものが溜まっていて、気持ちが悪くなるほど。日記でもいい。気が向いたときだけでもいい。一言でも大丈夫。

ぜひ、ノートに感情を吐き出しながら、自分と向き合うことをおすすめします♡

自分をダメだと思わない

恋愛だけでなく、さまざまなものごとがうまくいくコツは、**「私は大丈夫だと思うこと」**だとつくづく思います。

過去の私は、思った通りにならなかったり、ちょっとつまずいただけで、「ああもう私はダメだ」「私なんか所詮うまくいくわけない」と思いっきり自分をダメだと決めつけて、フェードアウトしては逃げてきました。

少しの行き詰まりで、「もういい」と拗ねて、さじを投げてしまう理由の一つに、「常に自分をダメだと思っている」ことがあります。

心の中に「自分はダメだ」という気持ちが湧きやすい人は、外からの「何かちょっとしたこと」が加わるだけで、心が折れたり逃げたくなったりしてしまうのです。

自信が持てるように、いろいろなことを勉強してきましたが、最終的に気付いたことは、**「自分をダメだと思えば」すべて終わり**ということ。

お金持ちの家に生まれても、美人に生まれても、仕事で評価されていても、「自分をダメだと思っている」人は、自信を持とうとしません。

理論やテクニックも大事だけれど、**一番の成功法則は「自分をダメだと思わないこと」**以外にありません。

そのシンプルな法則に気付いてから、私はインプットを最小限にして、とにかく「自分をダメだと思わない」ことを意識しました。

たとえば、ちょっとつまづいたときにはこう考えるようにしたのです。

そのできごとと私の価値は関係ない。「私をダメだと思わずに」落ちずに進もう。

起きたできごとには、正しく対処をしていけばいい。失敗は成功の元です。

原因を見つめて、次の作戦を冷静に考える。「こうしてみよう」をなるべく深く考え過ぎずに実行する。
これを繰り返すことで、私はいちいち逃げない人間になることができました。
どんなできごとが起きても、「自分をダメだと思わないこと」を忘れないで。
必ず、対処方法があり、乗り越えられる。
一つチャレンジするごとに、大きな自信が自分の中にできるはずです♡

どんな後悔にも可愛い理由がある

私はよく彼と喧嘩をして、怒らせるたびに、「また怒らせちゃった」「あんなこと言うんじゃなかった……」「なんでいつも私はこうなんだろう……」と体操座りで朝まで泣いていました（笑）。

いつも相手の顔色を気にして、思った反応じゃなければ罪悪感の塊。いつも自分が悪いんだと思う癖がありました。

だから常に自分を責めていたし、「もっとうまくやれるようになりたい」「いいこだと言われたい」「好きだと思われたい」と思っていたのです。

でも、結論から言えば、**罪悪感だけは絶対に持ってはいけません！**

愛され上手な女性になりたいのなら、今すぐに禁止したいことです！

なぜなら、罪悪感を持つということは、自分を間違っていると思っていて、自分自身にふたをすることになるからです。

わかってほしい気持ちが未消化のままになるので、また絶対に同じことを繰り返します。

たとえ、怒らせてしまうことがあっても、思った反応じゃなくても、ちゃんと自分の中に〝正解〟だと思って動いた、可愛い理由があるはずなのです。

「連絡が来たことが嬉しかったから、つい自分のことばかり話してしまった！」とか「好きな相手にわかってほしい！　と思ったから、つい否定するような言い方をしてしまった！」とか。

A）連絡が来たことが嬉しかったから

B）つい自分のことばかり話してしまった！

の、Bについて罪悪感を持つのではなく、常にまずAを受け入れて、私って嬉しかったんだな、そんなに相手のことが好きなんだなと、**自分の感情を丸ごと認めてあげること**です。

そうやって、Aを認めていくことで次は同じことを繰り返さなくなる。

相手のことが好きなんだなと思っていたら、次は相手の話を聞けるようになるものなのです。

罪悪感は持たない。

「やってしまった！」と思うようなことには、必ず可愛い理由がある。それをちゃんと自分で認めてあげること。

罪悪感を持っても、何も解決しないしよくもならない！

覚えておいてくださいね♡

「認め、許し、積む」で、自信がジワジワ湧いてくる

恋愛の相談を受けていると、みんな自分に自信がなくて困っています。

自信がなくて、自分の気持ちが言えなかったり、新しい行動に踏み出せなかったり、中には、「自信がついたらやりたいと思うんです」と言って、私に「いつ自信がつく予定なの？」と聞かれ、「私、いつ自信がつくんでしょうか……」と逆に質問する方も(笑)。

「もっと自信が持てたらいろいろやれるのに」と思っているうちは、自信なんてつかないんですよね。

チャレンジした結果、動いた結果が自信になっていくだけだから♡

私がやってきた、〝自信がある女性になる方法〟は、この三つです。

❶自分を認めること
❷自分を許すこと
❸〝対処〟を積むこと

では、それぞれを見ていきましょう。

❶自分を認めること

自信がないときというのは、自分の気持ちを「間違っているんじゃないかな」と思っているとき。そう思ってしまったら、「正解はなんだろう？」「正しい考え方はなんだろう？」と、ますます自信がなくなります。

自分の感情に間違いなんてありません。

言うか言わないかは別にして、どんなことを思っても、どんなことを感じても、全部正解です。

自信がない人は、自分の嫌いな自分は抹消しようと（隠そうと）しています。

でも、**ありのままの自分を全て認めることが大事。**

何を思っても、どんな自分も、まず根こそぎ認めましょう。

親の嫌なところに似ている自分も、ずるい自分も、弱い自分も、嫌だなと思っちゃった自分も、全部私なんです♡

❷自分を許すこと

自信がない人は、完璧主義な人が多いです。

「人と違ってはいけない」「絶対に否定されてはいけない」「嫌われてはいけない」、ハードルが高いから、ずっと自信がつかない（笑）。

自信がない人とは、自分嫌いな人だということ。

自信がある人とは、自分を好きな人、許せる人です。

「そういうこともあるよね」「よく頑張ったよね」「悲しかったね」「また次に活かそうね」「私、悪くないよね♡」って自分の味方になれることが大事。

「なんでできないんだろう！」「なんでこんなことになっちゃったんだろう！」と、いちいち自分を責めないこと。

そして、自信を奪うような人との関係は手放すことです♡

❸〝対処〟を積むこと

「自信ができたら対処できる！」というのは大間違いで、対処する経験（トライ&エラー）を積んでいくから、自然に自信がついていくもの。

自信がない人は圧倒的に、対処を積みません。

私もそうでしたが、何か言われたときに、「また否定された」とか「どうせ私はダメなんだ」と決めつけては、人間関係や物事を、自己完結で勝手に終わらせる。

そんな人は、相手とわかりあう機会、乗り越える機会を自分から捨てる人。

自分の人生から逃げる人です。

「どこを見てそう思ったの？」

「それはどういう意味なの？」

そう聞いてみることや、なんでも**自分の価値とくっつけずに、うまくやっている人の対処を淡々と真似てみる**こと。

自分からの働きかけや、自分からのコミュニケーションを繰り返していくことで、対処力がつき、「私、できるじゃん！　できたじゃん！」と、自信がジワジワと湧いてくるのです♡

自分に恋する魔法の言葉

恋愛や夫婦関係で辛いことがあったときに、思い出してほしい魔法の言葉があります。

それは、**「私は、彼を幸せにすることができる♡」という言葉。**

年下のカレに遠慮してしまうとき、男性の言うことを聞かなきゃいけないと思ってしまっているとき、何かしなくちゃ見捨てられると感じてしまうとき、「なんでこんな人と付き合って（結婚して）しまったんだろう……」と思うとき、「私なんかといると、彼に迷惑だろうから」と思ってしまうとき。

そんな風に思うのは、私は彼を幸せにできない（私といたら、彼は不幸）、という感情がひそんで邪魔をしているからだったりします。

でも、あなたはこれまで彼を幸せにしてきたし、これからも幸せにできます。
それも、いるだけで♡

忘れちゃいましたか？　今の彼じゃなくても、今まで好きになった人だって、「こんなことで？」ってことで喜んでくれたこと、「そんなことが嬉しいの？」ってことで感謝されたこと。

そして、あなたもたくさん幸せをもらったはず♡

幸せを感じてきた人は、幸せにできる人♡

アラフォーでも、バツイチ子持ちでも、体力なくても、シワがあっても、体重が年々増加してても、あなたは、彼を幸せにできる存在です。

だって、あなたはすごいから♡

すごいなんて根拠のないことを思えない？　人は「すごい」と口に出せば、「すごい」理由を脳が勝手に見つけてきてくれます。

反対に、「私なんてダメだ」と思えば、自然にダメな理由を見つけてきて、頭にたくさん浮かんでしまって落ち込むでしょう。

私たちはすごくて、彼を幸せにできる人。

そう思うだけで、「自分ってなんかいい♡」って自分を好きになってきませんか？

そのご機嫌な気分が大切なのです！

他人になろうとしない

〝自分らしい恋愛〟をしよう。

そう言われたら、〝自分らしい〟ってなんだろう？　と思う女性は多いのではないかと思います。

私の20代は、自己啓発本を読み漁る〝自分磨き〟に明け暮れていました。

彼に、「こういう女の子いいよね」「こういうの好きなんだよね」と言われれば、鼻息荒く努力をして、**いつも〝彼に愛される素敵な女性〟という〝他人〟になろうとしていたのです。**

そんな私を見て友達は「あいちゃんらしくいられる人がいいよ」とよく言ってくれていました。

頭では「そうだよね……」と思っても、やり方を変えられなかったのは、〝私らしさ〟が怖かったから。

当時、私らしさを、親から叱られてばかりな部分、人から指摘されてばかりの部分、彼氏に愛されない部分だと思い、自分に禁止していたんです。


私はこれを、〝まんじゅう〟と〝ケーキ〟にたとえて生徒さんに説明しています。

まんじゅう好きは、あんこが入っているからこそ、まんじゅうが好きなのに、「あんこはダサい。みんな白くて甘い生クリームが乗った、おしゃれなケーキが好きなんだ」と思い込み、あんこを捨てて、むりやり生クリームを入れようとする。

それじゃあ、まんじゅう好きにも、ケーキ好きにも好かれません。


どちらにも魅力があり、どちらにもファンがいます。

だから自分はまんじゅうなのに、「頑張ったらケーキにもなれるよ‼」とPRして、ケーキ好きな男性のために無理をするのはやめよう！


自分らしさがわからない、表現できない女性のほとんどが、**「素の自分では絶対**

愛されない」と思ってる。
だから、自分がまんじゅうなら、ケーキに憧れて、「ケーキみたいになりたい!」
って無理をしてしまうのでしょう。
まんじゅうはまんじゅうらしく!　ですよ。

話すのが好きな人
聞くのが好きな人
引っ張るのが好きな人
ついていくのが好きな人
笑わせるのが好きな人
笑うのが好きな人

〝持っていないもの〟〝やってしまうこと〟は〝欠点〟ではなく、**だからこそ、かわいく見えたり、羨ましがられたりする、チャームポイントです。**
そして、たとえ**彼があなたにできないこと、持っていないものを女性に求めてい**

ても、それは気にすることじゃない。

背が高く、色白でぽっちゃり気味な体型を気にしていた、生徒のKさん。「まんじゅうを極めよう！」と、無理して可愛い系を目指すことをやめ、和顔で色気系の自分を活かすようにしたところ、「Kさんがドンピシャのタイプ‼」という男性と出会い、トントン拍子にお付き合いがはじまりました。

彼からは、会うたびに大好きだと言われ、「すっぴんも、ボサボサ髪の寝顔も、変顔も可愛い！」と、こっそり隠れて写メを撮られているそうです（笑）。

気にしていること、出さないようにしていること、それがあなたの魅力であり、全てひっくるめてそれが〝ストライク〟な男性に安心して愛されよう。

自分自身のキャラクターを間違えずに、その魅力をどんどん使って、「それがいい！」と言ってくれる人に喜んでもらえばいい。

私は名古屋で一番美味しいまんじゅうになるために、これからも自分らしさを出していこうと思います（笑）。

彼に安心させてもらおうとしない

「ねえ、私のこと好き？」無意識に、口から出る愛のセリフ。
「好きだよ」と彼。
　または、「同じことばかり何回聞くんだよ」と言われるかもしれない。

　恋に恋するタイプだった私は、お付き合いしている彼に会うたびに、「ねえ、私のこと好き？」と聞く人でした。
「またそれ！」と言われても、何度でも「私のこと好き？」と確認してしまう会話のパターンは、付き合う相手が変わっても変わることはありません。そして、私が聞くことはあっても、彼から聞かれたことはほとんどありませんでした。

　でも、もしあなたが彼に追われる恋愛をしたいのなら、「はいはい……好きだよ

♡」と〝言う側〟になるべし！

「私のこと好き？」と女性が聞いている恋愛は、残念ながら彼の思うままになっています。なぜなら、**「はいはい、好きだよ♡」と〝安心させる側〟が恋の主導権を握れる**からです。

恋愛をこじらせている女性は、確認したくてたまりません。

私の言動、あってる？
私のこと、好き？
嫌いになってないかな？
他の人に目が向いていないかな？
別れようとしていない？
私のこと忘れてないかな……？

最初はそんな姿をいじらしく感じるかもしれませんが、その時が恋心のピーク。

あとはしぼんでいくのみです。

ですから、**彼に愛されたいのなら、確認することをやめてください。**「好き？」と確認するセリフは、男性が言うものですよ。

女性が幸せになれる恋愛は、追われる恋愛です。

追われる恋愛には、〝安心（確認）したい側〟と〝安心させる側〟がいます。

「私のこと好き？」と女性が確認していると、もう片方は、必然的に「好きだよ」と〝安心させる側〟になってしまいます。

「私のこと好き？」と聞いて、「俺のことも好き？」と言われることはほぼありません。毎回、安心させないといけない関係なんて、会うのもおっくうになってしまう。

確認してくる女性は、愛しようがないのです。

それに、女性が「私のこと好き？」と聞かなければ、「俺のこと好き？」とデートのたびに彼から聞かれるようになります！
確認される側になりましょう。
そのほうが女性は幸せになれる♡

今を楽しむ方法

うまくいっているときは、誰だって悩まないけれど、何かうまくいかなくなると、どうにかしたくて焦ったり、モヤモヤしたり。

今うまくいってないのを「ダメ」だと思ってしまうなら、覚えておいて欲しい言葉があります。

それは、**いつだって「うまくいってる途中」**だということ。

今うまくいっていないのは、「うまくいく前」だから。

今で全てを判断しないこと。今をゴールにして完璧を求めないこと。このあと、うまくいくから全然大丈夫なのです。

喧嘩しちゃっても、仲直りの前だから。このあとまたラブラブになる。

仕事がつまらなくても、仕事が楽しくなる前だから。

彼氏がいなくても、彼氏ができる前だから。

ちょっと寂しくても、幸せになる前だから。


うまくいってる途中だと知っていれば、うまくいかないのも楽しめる。

私は〝うまくいってる途中〟にいるときを、よくドラマの4話目にたとえます。

連続ドラマだと4話目ぐらいから、主人公にピンチが訪れたり、「えー！」って展開になったりするでしょう。

でも、そのあとちゃんと状況が好転していく。

「あのときはどうしようかと思ったよ」なんて笑って話せるようになる。


いつも、ゴールは〝今〟じゃなく、もっとうまくいく〝少し先の景色〟。

そこに向かって、安心するようにしています。

うまくいってる途中も味わいながら♡

私を優先することを、恐れない

明日の朝、早くても、「もうちょっといいよね？」と言われたら、「いいよ」と言ってしまう。

自分の予定があっても、「会える？」と言われたら、「会えるよ」と言ってしまう。

必要とされたら嬉しいから、断ることができない。

と、一見男性をもてあそんでいそうな美人女性ばかりが（すみません）、真剣に悩んで相談に来てくれます。

NOと言えない……。

今日からそれ、やめましょう。

ちゃんと断れる自分になること♡

断れない理由は、「断ったらダメ」だと思い込んでいるから。
断ったら、もう誘われないと思っていたりする。
悪い結果になると決めつけちゃってる。

そんなこと、全然ありません!!

NOと言ってもまた誘われます。
むしろもっと大切にされる♡

〝バレンタインチョコをあげない〟でも書いたけれど、「〜しなきゃダメだ」と思ってることは、実はやらなくてもいい。何もしなくても愛されると知って欲しいのです♡

たとえば、私は夫が急遽ランチに誘ってくれたら、無意識に「いいよ」と言ってしまう人でした。「いいよ」と答えてから、「予定は変更しなきゃ」とか、「やること、終わらないな」とかを考えるんだけど、でも、「せっかく誘ってくれたから行かなきゃ」と思い込んでがんばる。

生徒さんの話でも、彼が忙しいから、前日に「明日会える？」って連絡がある。それを逃したらまた会えないと思うから、予定をずらしても会ってしまう。「……本当はそういうの嫌なんですけど」と聞いたりします。

最初は勇気がいるけれど、「ごめん、無理なんだ〜」って断ってください♡

心臓がドキドキするかもしれない。
慣れてないから言いにくいかもしれない。
「こんなこと言って、本当にいいの？」と泣きたくなるかもしれない。
それでも、「えい！」と言ってみる。

絶対にまた誘われるから！

むしろ誘われる回数増えるから！
だんだんこっちの都合に合わせてくれるようになるから♡

彼の言う通りにしなくても、愛されることを知ったら、伸び伸びと自分を優先できるようになります。

「ＮＯ」を言えるようになると、ますます愛される女性になれる理由は、「相手のＮＯも許せるようになる」こと。

自分が自分を優先できるようになると、相手が自分自身を優先しても気にならないのです。そうすると人としてますます魅力的な人間になる。

私を優先できるようになると、大切にされる女性になれるのです。

自分のこと、一番大切にしてね♡

1年生は1年生らしく

以前、とある勉強会に出た時に、初心者が私だけだったことがありました。みんなすでに勉強してきた人たちの中で、ついていけない自分が場違いな気がして、家に帰って落ち込んだ私。

当時OLだったので、翌日の休み時間に、モヤモヤが晴れず夫に電話して話を聞いてもらったんですよね。

その時に、夫がこんなことを言ってくれました。

「何も落ち込むことないよ。1年生が、6年生の中に入ってびっくりしただけ。あいちゃんは1年生なんだから、できないことばっかりでいいんだよ。これから少しずつ勉強していけば、いずれ、6年生の内容もわかるようになるから！」

この言葉に、私は目から鱗。白昼堂々と、泣きました（笑）。

そうか、**1年生は1年生をしっかりやっていけば、いずれ6年生になれるんだ！**

と感動したのです。

小さいころから、お姉ちゃんなんだから！　と、等身大の実力以上を常に求められてきた（気がしていた）私。

いつの間にか、「人より大人っぽい」「周りより頭がいい」「初めてとは思えない！」とか「すぐできる！」という**評価でしか、自分に自信が持てなくなっていました。**

「初めて」や「わからない」気持ちを味わうことが苦手になっていて、「わからない」ことはダメだと思い込んでいたのです。

夫の話を聞いてから、私は1年生である自分が好きになり、劣等感を覚えることもゼロ。

いつも、自分の実力を正しく見積もることができ、時間とともに成長していくことも信じられるようになったのです♡

自分を大切にするってことは、「未熟な自分を受け入れること」です。

不安になったら、「初めてだもん。初めては不安に決まっているよね」と自分に声をかけてあげます。

生徒さんの話を聞いていても、経験値を上げる時間を惜しむかのように、

「最初からできるようになりたい」
「すぐに変わりたい」
「すぐに結果を出したい」

と「わからない」自分をすっ飛ばして先に進みたがる人がとても多いです。

対応に戸惑ってもいい。
わからなくていい。
初めてで不安になってもいい。

「わからないです。教えてください♡」「初めてで困っています」。

そう言えるようになった生徒さんは、とても自然に彼や周りの男性に「甘える」ことができるようになっています。そして、とても自然に優しくされている。

なんでもわかっていないとダメだと無理しないで。

男性に愛される女性とは、「わからない」自分に嘘をつかない女性なのです。

「すぐに」「わかるようになりたい」、その気持ちを手放してください。

叶えるまでの未熟さも受け入れようと静かに決意するのです♡

失敗したときも、「初めてだったもん、わからなかったよね！」、でまたトライ。

そうやって、**未熟な私にもOKを出しながら、〝初めて〟の先にある、「できた‼」に向かっていったらいい♡**

「わからない」も「初めて」も、堂々と言える私、でいいのです！

第 3 章

男の本音を知れば簡単に愛される

男性は、女性を嫌いにならない

あなたの悩みは、彼に「嫌われたくない」という気持ちからきていませんか？

なぜなら、恋愛で悩んでいる人のほとんどが、彼に「嫌われたくなくて」「どうしたらいいか」を、悩んでいるからです。

でも信じられないかもしれませんが、男性が女性を嫌いになることは、ほとんどありません。「今、少し離れたい」「ちょっと都合が悪い」「なんとなく合わない」はあっても、「嫌い」はない。

だから、**「嫌われるかも」なんて、気にしなくて大丈夫**なのです。

よく、「女は上書き、男は別名保存」って言いますよね。

それは、**「男性は一度好きになった女性を、嫌いになることがない」**ということを意味しているのです。

ですから、「彼に嫌われてしまったんじゃないか」なんて、心配することはありません。不安になったときは、「今は、彼のベストな時期じゃないんだな」と思っておけばいい。

男女はタイミング。「嫌われたくない……！」とあまり力を入れずに、ね♡

男性は、「生理的に無理」がない

「ちょっと、あの人は生理的に無理かな……」

「生理的に受け付けないんだよね……」

こんな会話、女性同士ではよくありますよね。

実は、男性には全く理解できないモノ！**「生理的に」という感覚は、女性にしかわからない**のです。

女性は、無理だと感じた男性とは、食事どころか二人だけで一緒にいることも苦痛に思うのではないでしょうか。

でも、どの男性に聞いても、〝好きじゃない女の子〟とでも、誘われればご飯くらいなら行くくし、全く断らないそうです。付き合うことや結婚は別にすれば、男性は基本的に、どんな女性とでも出掛けられます。

ですから、**意中の彼がいるのなら、あまり構えずに、「ご飯行きたいな♡」と誘っても大丈夫！！**

そこから本命になれるかどうかは、あなたの腕次第♡

本書を参考に、彼の心をガッツリつかんで、手放せない女になりましょう。

男性は、女性の願いを叶えたい

もし彼の性格がジャイアンさながらだったり、見た目が毛むくじゃらだったりしても……、男性はみんな、「王子様」だと思っていい。

数多くの男性にヒアリングをしてきた『高橋あい総研』（笑）の調査から、**「男性は彼女の願いを叶えてあげたい」もの**だという数字が出ています。

「彼女がどうしても一緒に行きたいっていうレストランに、半年も前から予約して大変だった」「奥さんが高いバッグばかり欲しがって、家中バッグだらけだよ」と、男性は嬉しそうに、彼女のせい、妻のせいにするのです。

そんなかわいい男性はいても、「彼（旦那）がこうしたいって言うから」と嬉しそうに語る女性はいません（笑）。

男性にとって、**女性の願いを叶えられることは「かっこいい」こと**なのです。

自分の「こうしたい」という希望や願望を伝えることは、わがままなんだと思っている女性も多いけれど、「叶えて欲しいな」と思うこと、伝えることは、男性にとってわがままでも負担でもないんです。

「女性の願いを叶えられる器がある」と認められることが、男性はうれしいものなのです。

男性は、必要とされないと腹が立つ

私もよくやりがちな、「大丈夫だよ」「別にいいよ」と、自分でなんでも頑張ろうとして先回りする〝オカン系気配り〟。

女性からすると、男性のためを思い親切で言っていることだと思いますが、男性はこれを**「自分は必要とされていない」とみなし、女性に〝無能〟だと思われているように感じて腹が立つ**のです。

ですから、**「自分でやるからいいよ」の言葉は、「あなたは必要ないよ」という意味**になってしまいます。そして、気が利く女性ほど、この言葉を何気なく使っています。でもこれでは、男性に頼ることを拒否していることになるのです。

私が今の夫と結婚した頃にびっくりしたのは、買い物中に良かれと思って「私、自分の欲しいものを見てくるね」と言ったときに、夫に「何で一緒に行かないの？」とムスッとしながら言われたこと。

「あなたと選びたい」「あなたと買い物を楽しみたい」。

そんなことすら、彼を必要としていることになるんですよね！「一緒に行きたいな♡」が男性はうれしいもの。

わざとらしいくらい必要としましょう。すごく喜んでくれるから。

男性は、教えたい生き物

ある程度の年齢になれば、知っていることが増えるのは当然のこと。順調にキャリアや経験を積んでいれば、ステキなお店やお酒の種類にも詳しくなり、仕事や経済など、わからないことも減ってきます。

でも、男性は教えたい生き物なのです。

美人でコミュニケーション上手な素敵な女性なのに、なぜかうまくいっていない人は、男性との会話で、「知っている」「わかっている」で会話を進めていることがよくあります。反対に、モテる女性は、**「知らない」「わからない」前提で、男性に教えてもらうように会話**する。

ワインに詳しくても、男性には「知識」をひけらかさず、「選んで」もらう。仕事ができる女性だとしても、「こういうときはどうやって乗り切るの？」と、男性に仕事術を教えてもらう。

私は、夫に行ったことがないところへ連れて行ってもらうようにしています。そのほうが、彼も喜んでアテンドしてくれるから。

最後に、**「いいお店を教えてもらっちゃった！」「いいこと聞いちゃった♪」「勉強になった！♡」**と言うのもお忘れなく。この一言を言えるのが愛され女子です。

男性は、女性を自分の力で幸せにしたい

男性が女性と一緒にいて最も満たされるのは、**彼が「俺は彼女を幸せにできている」と感じられること。**

逆に男性は、一緒にいる女性が我慢している姿を見ると、「自分は彼女を幸せにできていない」と感じて、萎えてしまうのです。

同じ原理で、彼と一緒にいるときに体調が悪いことを訴え過ぎると、男性の機嫌が悪くなることがあります。

そんなとき男性は、「彼女の体調が悪いのは俺のせい」、または、「あなたといると辛い」と女性に言われているように感じています。

「自分は彼女を不幸にしている」と感じると、男性は居心地が悪いものなのです。

私の場合、体調悪いアピールをすることが「あなたが私の不調の原因よ」と言っていることになると感じてから、「最近寝てなかったから自業自得だな。寝るね！」などと言うようにしました。すると、彼もより優しく気にかけてくれるようになったんですよね。

「自分の力で幸せにしたい」男心を満たしてあげられるコミュニケーション。取っていきましょう♡

男性は、自信を与えてくれる女性に弱い

円満夫婦の〝愛され妻〟は、みんな揃って「パパならできるよー！」と言います。スムーズにプロポーズされる女性も然り。「彼を心配していない」のです。

私たちが思っている以上に、**男性は自信がないもの。**だから、**自信を与えてくれる女性が大好き**です。

彼に自信を与える具体的な方法は、彼のテンションを上げてあげること。

たとえば、「今日はうまくいかなかった」と言う彼に、「じゃあ、次はうまくいくね。悪いことの後にはいいことがあるから♡」と言える女性に、男性は言葉にこそ出さなくても深い愛おしさを感じます。

ある生徒さんは、上司から欠点を指摘されたと愚痴を話す彼に、「そうなの？　私はそういうところが好きだけど」とさらっと言って、後日、彼からプレゼントをもらっていました。こんな女性は絶対にモテるし、手離したくない存在になります。

彼の実力に「安心」していれば、彼を自然に励ますことができる。心配ばかりしている人は、彼にとって自分をいつも子ども扱いする〝オカン〟になっているかも。

彼を心配し過ぎるのは、自分自身が不安になっているからかもしれません。

自分も彼も心配しない♡　自信を与えられる女性になりましょう。

男性は、誰かと比べて勝っていたい

男性にウケる広告なら、「あいつに差をつける！」みたいに、誰かと比べて勝つ！　ことを謳うといいと言います。ここで**大事なのは〝比べる〟ことではなく〝勝つ〟こと。男性は、勝つことが大好きです♡**

鍛えるのが好き、強くなるのが好き、彼女の〝今までで1番〟になりたい。彼女の初めてになりたい。その理由は、勝ちたい！　からです（笑）。

女性の場合、学生時代に好きな男子が別の女子と付き合ったと聞けば、「ムカつく……」と陰口を言っていたかもしれません。でも、男性の場合、「くっそー!!!!あいつには負けない!!」とランニングしはじめたりするのです（笑）。

「負けない！」「勝ちたい！」という気持ちで動いているのが男性。悪口を言っている暇があるなら、体を鍛えるなり努力するなり。それが男の世界なんですよね。

だから、「差をつけたね！」「負ける気がしないね！」と、**彼の〝勝てる力〟を刺激すると喜んでくれます♡**

共感なんてしなくていい。優しいフォローもいらない。誰かと比べて勝ちたい男心を理解し、ときに誰かと比べて持ち上げたり、ハッパをかけたりできる女性が、男心をつかんで離しません。

男性は、女性を傷つけない

男の子を育てているママがよく言うセリフ、それは「男の子は優しい」です。「お母さんを大事にするのは異性である男の子だよね」とよく聞くし、私自身もそう思います。

夫もよく娘のことを、「異性ならではの可愛さ」があると言う。ちょっとしたしぐさ、モノの言い方、私からすると「女子ってこれが普通だよ」と思うようなことも、夫はキュンとするそうで（笑）、異性パワーおそるべし。

逆もあって、やはり私も息子のちょっとした優しさに、ホロっとすることがよくあります。男性は、女性に優しいのです。

小さい頃から「女の子には優しく」と言われながら育てられているし、「女の子よりも自分の方が強いんだ」と思えることで、荒波を生き抜いていくことができます。そんな男性のことを、「男尊女卑！」だと私は思いません。女の子を守ることで強くなれるのが、男性なのです。

男の人には、女性に優しくする素質が備わっています。

だから、基本的に女性を傷つけることは言わないし、しない。

女性を守れるのが、男性なのです。

男性は、すごいと言われたい

「さっすが」「知らなかった！」「すごい！」「センスいい！」「そうなんですか！」。巷には、〝男が喜ぶさしすせそ〟なんて言葉もありますが、**「すごい」と言われたくて生きている、それが男性。**男の子です。

高校生になった長男を、16年育ててきて、私は何度この言葉を聞いてきただろう……。小さな頃は、「ぼく、すごいよ！」という言葉から、だいたいの会話がはじまっていました（笑）。

すごいと言われたくて頑張るし、すごいと言われたくて無理をする。すごいと言われたいからより高い目標にチャレンジして、すごいと言われたいから勝とうとする。**すごい自分が大好き**なのです（笑）。

時々、「褒めて調子に乗る男性が嫌」だとか、「お世辞を言うのが嫌」なんて女性もいるけれど、男性を気持ちよく、思いのままに動かしている〝女帝〟たちはみんな、男性を上手に「すごい」と褒めている。すごいと言ってあげたほうが、自分に返ってくる♡

ぜひ些細なことにでも、好きな彼には「すごい！」「天才！！」と言ってあげてほしいです。

男性は、感謝を強要しない

先ほど、「すごい」と言われたい男心を紹介したけれど、それと同じくらい知っておいてほしいのは、**〝すごいのは当たり前〟〝それくらいできるのは当たり前〟の男**だとアピールしたいということです（笑）。

これは、男性の少々めんどくさい部分でもあるのだけれど、男性は、「すごい‼天才‼」と言われても、「これくらい当たり前だよ」と言いたいものなのです。

だから、「ありがとう」を強要することは、ダサいと思っています。

一緒にお茶をしてお会計を支払ってもらったときに「ご馳走さまでした♪」と言いますよね。そこで、「コーヒーぐらいいいよ」なんてカッコつけて〝当たり前感〟を出してきたところに、「当たり前にできるところが素敵です♡」なんて言ったら、彼は心の中で嬉しすぎて阿波踊りしちゃう。間違いない（笑）。

感謝されたくてやっていても、感謝を求めることをダサいと思っている男性には、**「感謝を求めないこと」を褒めてあげる**といいですよ。

「そういうとこが素敵」って♡

男性は、〝やらされ感〟が嫌い

女性が、男性のことで意外と勘違いしていることは、男性は〝自分の意見をはっきり言える女性〟が好きということ。

でも、**自分の意見を押し付ける女性は苦手**です。

なぜなら、**男性は〝自分の意思〟で動きたい生きもの**だからです。

ゴミ捨ては嫌じゃないけれど、「やらされている感」は嫌。

洗い物も嫌じゃないけれど、「やらされてやる」のは嫌。

自主的にできるんだから、それをわかってほしいと思っています。

これを心得ているのが愛され女子。

彼女たちは、お願いの仕方が上手です。

「あなたは知っていると思うけど」

「あなたなら簡単だと思うけど」

そう言って、男性を〝自分から動いてくれる人〟〝できる人〟という前提にし、「やらされている」と男性が感じないように、たくさんやらせるのです（笑）。

男性は、女性にわかりやすくオーダーしてほしい

多くの男性に話を聞きよーく観察し、更には、息子を16年育てて確信したこと。

それは、**男性は〝女性の気持ちを察することができない生き物〟**ということ。

「彼が全然◯◯してくれない」という相談がよくありますが、「彼に言ったの？」と聞くと大抵、「言ってないけど、知っているはず」「前に言ったのに、わかってくれない」と返ってきます。伝え方よりも、彼が動かないことへの愚痴ばかり（笑）。

そんなんじゃ男性は動きません。**何度も、シンプルにわかりやすく、「私は、◯◯してもらえたら嬉しい」と言う**んです！

女性の伝え方は、回りくどいことが多いです。なのに、何度も伝えることをめんどくさがります。そして、「ちゃんと」や「なんで」などの曖昧ワードを持ち出しては、「あとは察してよ」をぶつけてしまいがちです。

また、はっきり言っているのに彼が動いてくれない場合、おそらく「締め」がありません。「言われたようにやってみても、なんか不満そう……」彼にそう感じさせていたら、結局何もする気にならないのが男性です。

やってくれたら、「ありがとう！」とご機嫌で締めておしまい。

これを繰り返すことで、男性はなんでもやってくれる人になります♡

男性は、感情的になれない

女性は感情的で、男性は理性的だと言われています。

それは脳のつくりだけでなく、**男性は感情をさらけ出すことをカッコ悪いと思っていて、〝弱さをさらけ出す〟ことだと感じるから。**冷静に対応できること、平常心を保てること、そういったことをかっこいいと思うのが男性です。

生徒さんに、「男性も寂しいんだよ」と伝えると、「え‼　男性は寂しくないと思っていました！」と言われます。そもそも男性は、小さな頃から、「男子たるもの……」と言われて育つため、「寂しいとか、辛いとか、そんなことを思ったら負けだ！」と思って生きています。**出すとカッコ悪いから出さないようにしているだけで、あなたを傷つけようとしているんじゃない。**いつも感情をコントロールしようとして、出していないだけ。

我慢している男性の感情をないものだと決めつけて、「私のことなんてどうでもいいんでしょ」「平気なんでしょ」なんて、彼の心の内を理解せず暴言を吐くのは避けよう（笑）。どうでもいいわけない。平気なわけない。

頑張って感情を出さないようにしている男性の気持ちを、ちゃんとわかってあげられる女性でいよう♡

第 4 章

気になる彼が追いはじめる仕組み

聞き上手がモテるはウソ

誰もが一度は耳にしたことがある、「聞き上手がモテる説」。

かくいう私も、「話しちゃいけない！　聞かなきゃ‼」と、ひたすら「ウンウン」と彼の話を聞いてきました。

しかし、話をウンウンと聞くことが、「聞き上手」ではないのです！　**モテる聞き上手とは〝名インタビュアー〟であること**です。

たとえば、彼が「はー疲れたー」と言ってきたとき、「お疲れ様～」もいいけれど、**「何が忙しかった～？」「今日は大変だったの～？」**なんて質問してみるのが、聞き上手♡

そのあと、「今日は、同僚の分まで仕事させられてサービス残業だよ」って言われたら、「そうだったんだ～」でもいいけれど、「ウソーそれは〇〇くん的にアリな

の？」と、また**クエスチョンで相槌を打つのが、聞き上手♡**

これで、彼はどんどん自分のことを話したくなります。

聞き上手とは、知り上手、話させ上手、ということ。

彼が、「聞いてもらえている！」と感じて、ますます饒舌に話したくなるテクニックなのです。

これを知るまで私は、人の話を聞いてないと言われても、「聞いてますけど」と思っていたし、生徒さんからも、「聞いてるのに聞いてないって言われる！」というお悩みをよく聞きます。

でも、本当に相手の話を聞いていたら、彼がどんどん自分の話をしてくるから自然にこちらが彼のツボを攻略できてしまうし、彼の気持ちがわからなくて悩むことなんてなくなるのです。

名インタビュアーになるとは、彼の気持ちが手に取るようにわかるようになり、愛されるということ。

どうインタビューしていいのか、よくわからなかったら、〝つい話してしまう友達〟を観察してみてください。

誰にでも一人くらい〝つい気持ちよく話してしまう相手〟がいるものです。

私は自分が饒舌になるときに、相手にどんな相槌を打ってもらっているのか、観察することからはじめました。

「こういうことがあったんだよ！」と愚痴を言えば、「そういうの一番嫌だって言ってたもんね。彼は変わる気がないのかな」と共感とクエスチョンで相槌を打ってくれたり、「私に甘えて調子に乗ってるんだよ！」と言えば、「いい女すぎて、浮かれちゃってんだろうね」と嬉しいことを言ってくれたり。

とにかく気持ちよく、続きを話したくなってしまいます。そうやって私も人からヒントを得ては、自分のコミュニケーションに生かすようになりました。

どんな男性でも〝饒舌に話し出して止まらなくなるツボ〟の一つや二つはあるもの。

「今までの人生で一番最高だったのは何歳の時？」なんて聞いてみたら、最初こそ、「えー○歳かな〜」などとボソッと答えるだけだったとしても、「無敵だったんだ!!　青春だったんだ!!　ノリノリだったんだ!!」などとあおっていくうちに、「あの、俺の伝説のホームランでみんなが湧いてさ〜〜!!」なんて聞いてもない武勇伝が止まらなくなるのが男性の定番です（笑）。

先にも書きましたが、彼に話させたら彼は私たちを好きになるし、私たちは彼のツボを攻略できるし、いいことしかないのです♡

遠慮なく〝ぶりっ子する側の女〟になる

彼氏が途切れない女性、モテる女性は、〝男好き〟であることをよしとします。真面目女子に〝男たらし〟であれ！　とアドバイスすると、「男の人に媚びるなんて、ぶりっ子だと思われるじゃないですか」とか、「ぶりっ子だと思われたくないんです！」と、〝アンチぶりっ子発言〟が飛び出します。

かつて、私もぶりっ子と聞けば、理由のない怒りがこみあげてくるほど苦手でした。

でも、モテたい、選ばれたい、追われたい！　のなら、ぶりっ子を見つけた瞬間に、「姐さん、勉強させてもらうっす！　よろしくっす！！」ぐらいの低姿勢じゃないとダメですよ。

あれは、20代半ば。とある合コンを主催したときに、友達が連れてきた後輩女子が、超絶なぶりっ子で男性陣をメロメロにしたあとに、なんと「男の子が迎えにきたから帰りま〜す♡」と言って早々に帰ったことがありました。

男性と飲んでいて、男性が迎えにきたからと先に帰ることに、真面目な私は唖然!!

女子からは反感を買いそうな、こんなケースですが、実はこれ、いろいろな男性に聞いても「そんなに大したことじゃない」「別にいい」という意見が多数。

ぶりっ子の常識は、男性にフツーに通用することが多い（笑）。

少し前に、流れていたどん兵衛のCMで吉岡里帆さんが、猛烈に男子受けする〝どんぎつね〟。じっと男性の目を見つめて、ストレートに〝真っ赤ですよ♡〟とか伝える姿に、「そうそう!! これだよね！」と、**あざとさほど、男心をくすぐる**ことを再確認しました。

ぶりっ子って、「私のことを好きになってもいいですよ♡」というメッセージ。

恋が進まない人は、「好かれることをめんどくさい」と思いながらシャッターを閉めて、小さな穴から相手を覗いてる（笑）。

女性は、「私を好きになってもいいよ♡」という許可を出すと、振る舞いが女らしくなります。それが大事。

そうは言っても、「若ければいいけど、もうぶりっ子するほど若くないし……」「イタイと思われたくない」という大人の女性はたくさんいると思います。ここで皆さんに伝えたいのは、ぶりっ子にも〝年相応のぶりっ子〟があるということ。

私の考えで言うと、40代の米倉涼子さんも、50代のＹＯＵさんも大人のぶりっ子になります。サバサバしていて、**女性からの好感度も高いけれど、男性の前に出るとちょっと甘えた話し方ができたり、拗ねたり、いじられたりもできる。**

ぶりっ子は、若い女子だけの特権ではないし、女性から好かれない女性でもない。

キャリア女子でも、サバサバガールでも、男性の前では、遠慮なく！　ぶりっ子する側の女であれ。できる女は、何にでもなれるものです♡

3秒見つめる

昔、とある記事に書かれていた、カトパン（元フジテレビの加藤綾子アナウンサー）がモテる理由。それは、男性が「俺のこと絶対好きだろ？」と勘違いしてしまうほど、

- **よく笑い**
- **目をじっと見て**
- **話を聞いて、いい気分にさせてくれる**

のだそうです。

この「目をじっと見る」ことに関しては、先ほども書いたように、本当に有効で

す。

というのも、以前、私が同乗した「恋するバスツアー」でのこと。女性陣に提案し、やってもらった、「3秒見つめる」に対して、男性陣から「すごいドキドキする!!」とお褒めの言葉を頂き、その時のカップル率は40名中24名！という結果♡

じっと見つめることで、「あなたの話に興味がありますよ」「あなたの話を聞いていますよ」という意思表示になる。

私たちが逆の立場でも、目が泳いでいる男性に対しては、どこか自信がなさそうに感じて、「私に興味がないのかな？」と思い、なんとなく心が閉じてしまうもの。

恥ずかしいとか言ってないで！　ぜひ3秒見つめて微笑みましょう。

〝人懐っこく、OPENに〟が彼の心を開く鍵

モテる人は、〝素直〟だ。　恋愛に限らず、運を味方につける人、チャンスをモノにする人の共通点も〝素直さ〟だと私は思う♡

出会いから先に進まない女性の話を聞いていると、心を閉じすぎていてびっくりすることがあります。

プライドが高いのか、なんなのか……。男性に対して構えすぎていて、「バカにされないように」「損しないように」って、まるで男性を〝敵〟のように捉えているんです。自分の心はちっとも開かず、相手の実力を斜めから伺ってる。

そんなやり方じゃ、どれだけいい出会いがあってもイマイチ進展せず、おばあちゃんになっちゃう！

「ちょっと好きにさせる」ことは朝飯前♡の私が、出会った男性に対して、常にやっていること。それは、**〝同じクラスの男子〟だと思って接する**こと。

取引先だろうが、婚活パーティーだろうが、どんなシチュエーションで出会った相手でも、〝同じクラスの男子〟だと思って話すだけで、滲み出ちゃう〝前から知ってた感〟。それが、**相手の心を開いちゃうオープンさ、気さくさ**なのです。

以前、友人の結婚式の二次会に出た時にも、偶然隣になった男性にいきなり、「めっちゃ美味しいですよねっ♡」と話しかけた私。

「写真、お願いしてもいいですか♡」という定番のものから、「今日のメンバーで一番モテるのは誰なんですか♡」という仲良くなれるワードをバンバン出していれば、「また飲みましょう！！」と言われるのは、決して特別なことではなくいつものこと。

もう一つ、勝てる〝素直さ〟と言えば**〝ねじれた物言い〟をしない**こと。

「かっこいいですね！」でいいのに、「かっこいいからいいですよねー」と言ったり、「わー嬉しい！」でいいのに、「はいはい、お世辞はいいから」と返したり……。

これは、傷つきたくない気持ちから、相手にめんどくさい自分を優しく溶かしてもらうのを待つ行為。いちいち皮肉っぽく、遠回しに伝えるのはやめよう！

講座生のYさんは、男性に冗談を言うことすら考えられないような、とっても真面目な女性でした。そんなYさんも、〝男性をおもてなしする〟気持ちで、相手の素敵なところを「かっこいい」と素直に伝えるようにしたところ、たくさんの男性から2回目、3回目のデートに誘われるようになりました。

今では、劇的な変化を遂げ、告白されるのは朝飯前になっています。

もっと素直に、優しくストレートで。

女性が素直なら、男性も安心して素直になります。

出会いは全ていい恋愛に進化する種です。

水をたっぷりあげられる、素直で可愛い女性になるべし♡

安心を与え続ける

恋愛が苦手な女性は、男心を全くわかっていない。

その一つ、**「男性は安心させてあげると、喜んで追いかけてくる」**。

ここでいう〝安心〟とは、付き合ってからの「私はどこにも行かないよん♡」とか「あなただけだよん♡」みたいな、そういうやつのことではなく。

付き合う前の段階で、「好きにさせて」「付き合いたくなる」テクニック。


その安心とは、**わかってくれた、認めてくれた、役に立てている、喜ばせてる、幸せな気持ちにさせてる**という感情。

そういった感情が、男性をキュンとさせ、恋に落とします。


あなたは、そのままでいいの。

あなたは、すっごく素敵なの。

そうやって**〝安心させまくる〟ことが恋に落とす♡ということ。**

キャバクラでナンバーワンなのは、とっておきの美人ではないことが多いけれど、〝安心させまくる〟テクニックを熟知している女性だったりする。

私の友人でも、モテ子は男性を〝安心〟させて好きにさせている。


俺が誘ってもいいんだ！

俺の服装でもいいんだ！

俺の言葉でがんばれるんだ！

俺はすごいのかー♡

彼にこう思わせることで簡単に私たちを好きになるのが、愛おしい男性という生き物です♡
「俺、大丈夫なんだ」と思わせてあげること。

こじらせている女性は、自分ばかりが不安だと思っていて「男性を安心させてあげなきゃ」なんて気持ちが少しもない（笑）。

役に立てない
俺といても幸せそうじゃない
俺には喜ばせられない

こう感じさせてしまったら、一気に男性の心を孤独にします。結果離れていく。

〝男を落とす〟とは、〝安心させる〟ということ。

恋愛のはじまりは、男性も不安なんだということをお忘れなく♡ね。

人としての「好き」を伝える

「好き」と言うことにやたら抵抗がある人は、「好き」という言葉を気軽に使えるように、今日から練習してほしい。

だって「好き」が言えたら、驚くほどモテるから♡

コツは、「好き」をＧＯＯＤ！　くらい軽い気持ちで言うこと！

かっこいいスーツだね！

スーツの男性、好きだなー♡

あ、コーヒー買ってくれたの？

そういう優しいとこ、好き！

○○さんのその気遣い、めっちゃ好きです。

私は仲良くなる前であるほど、「好き」を多用する。

人として「好意」を伝える。

距離が縮まり、相手をどきっと嬉しくさせ、恋がはじまりやすいから。

うっかり「好き」に気持ちが乗って「ＬＯＶＥ」な好きになってしまうかもしれないけど、**「好きと言って、惚れない」が最強のテクニック。**

ＧＯＯＤをばらまいて、ＬＯＶＥを伝え過ぎずに、相手のＬＯＶＥをしっかり手に入れよう♡

反応をよくする

モテる女性は、〝反応〟がいい。

コミュニケーション上手って、〝話し上手〟じゃなくて〝反応上手〟だと思う♡

ここでいう〝反応〟とは、リアクションのこと。

「ラーメンでもいく？」って誘われたときに、「わーいいね！　いく!!」って反応してくれたら、「誘ってよかった」「喜んでくれた」って嬉しくなる。

自分のくだらない話に、「面白すぎるー!!」って思いっきり笑ってくれたら、嬉しくなる。

「わ！」ってびっくりさせるのだって、「きゃー!!　びっくりしたーーー!!」って言われたくてやるんだから、無反応だったらやりません。

反応が悪いと、何を考えてるのかわからないし、一緒にいてもつまらない。

ちゃんと反応してくれる人を好きになるんだよね。

合コンや大人数の飲み会では、早くリアクションしてくれる人に目がいくもの。モテる人は、目をまん丸にして、「おいしー♡」って言えたり、お腹抱えてゲラゲラ笑えたり。「え！　いいの⁉」って驚いたり、「えー嬉しい‼」って喜べたり。

彼にとって、わかりやすい人になっているのです。

わかりやすい人とは、愛しやすい人のこと。

嬉しい提案には、よろこんで反応していくことも、それもその場で喜ぶのも大事。「ごちそうしてほしい！」と思ってるなら、「えー悪いし……」と毎回言ってないで、１００万ドルの笑顔で、「大切にされてる感じするー！　うれしい♡　ありがとう♡」と言ってほしい。

男性は、女性の反応にキュンとする。いつも、女性の反応（喜ぶ顔）をすごく気にしている。

〝反応〟を制するものは〝恋愛〟を制するのです♡

とにかく彼に話させる

追われたいと思いながら、気付けばいつも〝追いかけて〟いるのなら、それは、〝喋りすぎ〟かもしれないません。**追われる女性は、とにかく彼に話させている。彼がいつも楽しそうに話している**のです。

私たちも、適当に気のない返事をしている相手ほど、勝手に好かれちゃうことがあると思う。人と人というのは、〝たくさん話した側〟が相手を好きになってしまうもの。理由は、たくさん話をするほど、「わかってもらえた」「受け止めてもらえた」と感じてしまうものだから。

たとえ相手が右から左に流していたとしても、真剣に受け止めていなかったとしても、聞いてもらえると、それだけで、「自分を知ってもらえた」という安心感で距離が勝手に近くなってしまい、「好き」だと思ってしまう。

前にも書きましたが、モテる女性は聞き上手、話させ上手。

面白いトークができる人よりも、面白いトークを引き出せる人の方が圧倒的に愛される。〝いま仕事終わったんだ〟と言われたら、気の利いたことを言おうとするよりも、〝こんな時間まで仕事なの!?〟と言うだけで、「そうなんだよ〜。今日は忙しくて……」なんて勝手に彼が喋り出す。

余計なアドバイスや気の利いた言葉はいらない。
話させたかったらオウム返しや素直なリアクションという〝合いの手〟が必要。

自分ばかり、いつも気持ちよく話をしている人は、なかなか気付けないかもしれないけれど、どうやったら気持ちよく話したくなるか、考えて相槌を打てるようになりましょう。

「話した側」が好きになる。忘れないで♡

〝知りたい時間〟をつくる

〝付き合いたい〟と思うのは、なぜか。

それは相手を、〝自分のものにしたい〟という気持ちです。

自分のものにしたいと思うのは、「ちょっと満たされない」から。

それには、「もっと知りたい」と思わせちゃう空白の時間を持つことが大事！

前のページにも書いた、〝話しすぎる〟女性は、自分のことをなんでも話してしまっていることが多い。

休みのシフト、朝乗る電車、帰りの時間、いつも遊んでいる友達、毎日のルーティーン、将来やりたいこと、いま不満なこと。ここまで知らされていたら、〝知りたい〟気持ちが満たされちゃって、わざわざ付き合おうと思わなくなる。

男性が女性を欲するときの気持ちって、「どんな子なんだろう」というワクワクなんですよ。

「相手を知りたい！」「もっと見てみたい！」と思う気持ちが本能を突き動かす。

だから、それを先に提供してはいけない。知りたいと言われたら「付き合うまでは内緒♡」と言える女性でいたい。

話しすぎちゃう女性は、話さないくらいでちょうどいい。

そして、いちいち自分の生活やタイムスケジュールを公開せず、「知りたい」と思わせる時間をつくりましょう♡

知られていないことが、私たちの〝余裕〟にもつながります。

覚えておいてね♡

当たりを引いたと思わせる

男性は、出会ったばかりの私たちのことを何も知りません。見た目や会話や仕草からどんどんイメージを膨らませていきます。

大事なのは「選んだ相手は〝当たり〟だとPRすること」。

そのためには、彼氏がずっといなくても、何年もいないと正直に言わないこと、前の彼氏にどんなにひどい目に合わされていても言わないことをオススメします。

普通の可愛い女性が、「ずっと彼氏がいない」と言ったら、「取られそう」な感じもないし、〝他の男性が欲しがらない女性〟なんだと思ってしまうもの。

「いつも浮気されちゃう!」とか、「いつも振られる!」とかも同じで、それが真実だったとしても、わざわざ「浮気される女ですよ」って言うメリットなんてゼロ。

そういう扱いをしていいんだなと無意識に思わせてしまうだけです。

何年も空き家状態の女性より、ちょうど別れたばかりの女性のほうが、魅力があるように感じますし、大切にされてきた女性だと思えるほうが、価値が高く感じます。

「私、可愛くないって言われてきたから」「いつも女性として見られないんです」と言ってしまう女性は、「そんなことないよ！」と言われたいのかもしれないけれど、彼からしたら「ハズレくじプレゼン」。購買意欲をそそられないPRになってしまいます。

「あなたの目は節穴ですよ」と言っていることにもなる（笑）。

自分を当たりだと思わせることは、「あなたは見る目がありますね」と相手を気持ちよくさせることに繋がります。

自分の口から出る言葉が、価値あるPRなのか、はずれくじPRなのか、意識してみると、彼のあなたへの対応はガラっと変わります♡

連絡が欲しいなら、連絡しない

昔、「1週間連絡しないいくらいで不安になる恋なんてもう終わっている」と、本で読んだ時、「ガーーン……。私は終わってるんだ。1週間連絡しなかったら忘れられちゃうもん！！」、と落ち込んだものでした。

「連絡しないと、忘れられちゃう」

私は付き合っている彼に対して、いつもそう思っていたし、私が受ける相談の中でも、〝彼をないがしろにしたら、すぐ忘れられちゃう！〟〝だから必死につながっていないと！〟という女性は本当に多いです。

でも、結論から言えば、**そうやって必死に繋がろうとするから、彼の連絡が少なくなる。**

人は、離れたときに初めて相手を思い出すもの。

〝消える〟から〝思い出す〟のです。

毎日、過度な連絡で自分アピールがあれば、「今頃、何してるかな〜」とか、「今日は仕事なのかな」とか、相手を思い出して知りたくなることはありません。

たとえば、疲れていてＬＩＮＥの返信をしないまま丸一日寝てしまった時、目が覚めて気付くと、何回も彼から着信があった！　なんてことは、よくある話です。

彼のことが頭から抜けるほど、ちょっと集中して他のことをしていたら、「会いたいから今から行ってもいい？」と言われることも、よくあります。

消えると思い出す法則は、絶対♪

毎日現れる人物を思い出したり、繋がりたいと思ったり、会いたくなることは、あまりありません。

あなたを思い出す空白の時間もないくらいＬＩＮＥが来て、あなたが今日何をしているか知らされ、次の休み告知され済みで、手作り弁当やプレゼントをもらい、

「大好き！」という気持ちをもらう。

それでは、恋のしようがないですよね（笑）。


連絡がないのは、連絡しすぎだから。

適度に消えてあげることは、恋を長続きさせるだけじゃなく、結婚したい女性になる方法でもあります。

ＬＩＮＥがしょっちゅうくるから、電話する必要がない。

電話が来るから、会う必要がない。

会いたい会いたいと言われるから、結婚する必要がない。

いろいろ尽くしてくれるから、ますます「結婚しなくてもいいのままでいいか」となる。


そんな風に、不安の暴走が恋の寿命を早めていることに気付くべき！

落ち着いて、彼に大事にされる選択をしていきましょう♡

ＬＩＮＥは作文ではなく、ドキドキを送るもの

時々、生徒さんがＬＩＮＥを見せてくれて、「このあと、なんて返せばいいですか……？」なんて聞いてくれることがある。

人のＬＩＮＥを見せてもらう機会が増えて、確信を持ったことがあります。

それは、**「みんなＬＩＮＥがつまらなすぎる……」**ということ。

私はＬＩＮＥ世代じゃないから、意中の男性とＬＩＮＥでやり取りしたことは少ないけれど、それでもＬＩＮＥが返ってこなかったことはあまりない。

私のＬＩＮＥは、ふざけています。

彼がクスッと笑えるか、ドキッとするかの内容しか送らない。

いくら初めてのデートのお礼メールでも、「昨日はありがとうございました。とても美味しかったです！　またお話しできたら嬉しいです」って、「作文か‼」で

すよ（笑）。

コミュニケーションって感情とリアクションです！　ですますではビジネスっぽい。「はい、そうですね」では本心がわからない。わーとかきゃーとか出していかないと！

社交辞令っぽいのを送ったら、「僕も楽しかったです！」「また行きましょう！」のような社交辞令っぽい返信が来る。

私なら、最初のお礼メールでも、「◯◯くん！　昨日は楽しすぎてテンション高くて、帰りにエレベーターに挟まれそうになったよ！！　ほんとありがとう！　また会いたいと思ったよ♡」とクスッとドキッを混ぜて送っとく。

「誰にでも言っているとか思われないですか？」と聞かれることもあるけれど、ノンノン。そう思われたって全然大丈夫！　**「誰にでも言ってるんじゃない？」と言いながら喜んでいるのです、男性は。**

男心はいつだって中を開けたら少年でとっても素直。

作文なんかより、少年スイッチ押してくれる無邪気さに反応する。
恋とはドキドキですよ。そして思わずぷっと笑ってしまうような愛おしさ。

「今日もお仕事頑張ってね♡」もいいけれど、**「今日もカッコいいんだろうな〜♪」**のほうがドキドキする。「お昼からも頑張ろうね」もいいけれど、**「お昼にコーヒー買いに行ったら間違えておしるこ押しちゃった！」**とかのがクスッと笑えて、何か反応したくなるでしょ。返事したくなるの。

楽しい気持ちになれたら、「あー会いたいな」ってなる。

顔を見せなくても、離れていても、ドキドキや笑いで彼を楽しませるツールがLINEやメールだと思います。

ドキドキさせられる、ぷっと笑っちゃうようなことを送れる。そんな女性は日常が口説かれモード（突っ込まれモード）ONになっていて、女であることを楽しめてる。日常が楽しいで溢れてる。「こんな私、好き♡」で溢れてる。
彼も旦那も、ドキドキさせてあげよう。やっぱり彼に追われていたいから♡

男心は、駆け寄ってつかむ♡

男女に限らず、モテる人とモテない人の圧倒的な違いが出るところは、顔を見た瞬間の行動です。

コミュニケーションが苦手な人は、目があっても無言なことが多々あります。

〝待ちのコミュニケーション〟をしている人は、話しかけてもらえないと拗ねるのに、自分からは話しかけない。自分は褒めてほしいのに、相手を褒めにいかない。

それでは、仲良くしたくないオーラや、「そっちがなんとかしてよ」「あなたが楽しませて」という〝くれくれオーラ〟が伝わっちゃう。

コミュニケーションは自分から。先に与えることが大事です。

待ち合わせで彼を見つけたら、手をふって駆け寄る！

彼を後ろから発見したら、小走りで肩をぽん！

顔を見たら、「今日もかっこいいね」「そのネクタイ素敵だね」。

女子にも、「今日可愛いね‼」「オススメのお店に行ってきたよ〜！」。

こうやって、全部自分から話しかけます。

もし話しかける言葉が思い浮かばなかったとしても、「この間はありがとう」など、**お礼を伝えられることがないかを探す**ようにします。

こうして先にコミュニケーションを先に取ると、主導権を握ることができ、関係は大きく進展するものです。駆け寄る女性は、モテる♡

愛されないと嘆く前に、相手に興味を持ちましょう‼

〝コミュニケーションは自分から〟がマストです♡

第5章

愛を長続きさせる方法

常に彼との距離を測り続ける

ちょっとちやほやされることや、付き合うことは、難しいことではありません。

でも、恋愛から結婚へのスムーズな流れも含めて、愛を長続きさせることには工夫が必要です。

ずっと愛される女性とは、「距離感」を大切にできる人です。

結婚してもそうだけれど、〝近すぎる〟と、甘えてしまって雑な扱いになってしまうし、〝遠すぎる〟と、溝ができてしまうもの。

私はいつも、相手との距離感を保つようにしています。

それは**「ちょっとこっちを向かせたくなる」優しくなれる距離感。**

そもそも、追われたかったら距離が離れていないと追えません。

鬼ごっこだって逃げている人がいなきゃ追う人はやることがない。物理的に追うスペースがないと追いかけられません。

ソファでべったりくっついて、見つめあいながら話しているときに、「ねえ、もっと見て」と言われたら、「見とるがな!!」となるでしょう（笑）。

「もっと見て」と彼に言って欲しかったら、見てくれてないと感じるくらいの距離が必要だということ。

いつも自分ばかりが追いかけていたり、何かと要望を聞いてもらえなかったり、雑に扱われる女性は、相手との距離が近いのです。

「なんだか、彼が冷たいな」とか、「大切にされてないな」と感じたら、「あ、ちょっと距離が近いんだな」と、詰めすぎずゆとりを持つようにしたい。

最近ゆっくり話していないなと感じたら、「優しく話を聞くように」したい。

距離が近いことが、信頼関係ではない。**距離感を保っていられることが信頼関係。**

常に、相手との距離を測りながら、「お互いに優しくなれる」距離でいることが、愛を長続きさせる方法だと思う♡

〝こぶし〟で伝える、それが正しいケンカの方法

恋愛下手女子がやりがちなこと……、それは自分の気持ちが言えず、黙ること。

不機嫌をＭＡＸに、顔と態度に出しておいて、「怒ってるの？」と聞かれれば、「別に」「ううん」「怒ってないけど」と、たまたむすっとしてだんまり。

女性がやりがちな、「察してよ」と言わんばかりの、だんまりアピール。

男性が一番苦手で、嫌いなことです。

私は怒ったときに「黙る」ことしか知らずにきたので、「黙る」から入り、「なんでわかってくれないの？」になり、「もういい！！」とキレては、「ああまた感情をコントロールできなかった」「ダメな私。彼の機嫌を取らなくちゃ」という、彼を信頼せず、伝えようともしない、ド下手すぎるコミュニケーションを繰り返してきました。軽く35歳くらいまで（笑）。

正しいケンカの方法は、ストレートに怒りの感情を伝えること。

怒ったときは、「怒ったよ」とその場で言うこと。


恋愛上手な女性は、実は結構自然にやってるもの。

「うわ！　ムカつくー！！」

「今のムカついたからしばらく怒ってるからねっ」

「ひどいー傷ついたー！」

などなど、割とその場で言っちゃう。


これを私は、こぶしでわからせる戦法と呼んでいますが、**「怒っている」ことをはっきりすぐに伝えることで、相手に「今の自分の状態」が伝わり、結局解決が早く長引かない。**

怒ってるとわかった男性は、解決しようと動いてくれます。

でも、正直言って、相手がどんな反応でもいいのです。

やってみるとわかりますが、ストレートに、「いま、すっごく怒ってるの!!」と口に出すことで、自分の中からも心の固まりがほぐれていきます。

負のエネルギーは、溜め込むとどんどん膨張してしまいます。

ですから、その都度吐き出していく必要があります。

皆さんもありませんか？「最初より怒りは増しているけど、だんだん何で怒っているのかわからなくなってきた……」とか、「怒ってる自分に、腹が立ってきた……」とか……。これは、負のエネルギーが溜まって増幅してしまったからです。

貯まる前に外に出せるようにするのがいいです。

男性にとって、一番イヤなのは、長々と理由もわからず不機嫌で、理由などを聞いてもはっきり言わないこと。これなんです。

怒ることが悪いんじゃないんですよね。

ですから、カチンときたら、「カッチーーーン!!」と直接言ってやりましょう。

そのときは、ちょっと冗談っぽく、笑いながらはっきりいうのがポイントです。

だんだん彼も、何があなたを怒らせるのかを理解するようになりますから、同じことでのケンカは減ってきます。


自分のことをわかりやすく教えてあげるのは、〝女性の甲斐性〟。


女性にとっても、長引く怒りやもやもやは、美容にも心にも悪いことだらけ。

可愛い女性であり続けるために、不満や怒りはガツンとその場で〝こぶし〟をお見舞いして、おしまい！

男の人が解決しやすいコミュニケーションを取りたいですね♡

彼を変えようとしない

付き合いが長くなってくると、要望が多くなってくる。

最初は「一緒にいられるだけで幸せ♡」だったのが、

「もう少しこうなってほしい」

「これをやめてほしい」

「こんな人になってほしい」。

いろんなことが気になってきて、彼を変えたくなってしまったりする。


でももし、**彼を変えたかったら、変えようとしないこと**です。

人は誰でも、〝自分を変えようとしてくる人〟に拒否反応が出ます。

物を買うときでも、サービスでも、「売ろう」としてくる人の話は聞けなかったりします。

なぜなら、**〝変えよう〟としてくる人からは、「あなたはダメなのよ」というメッセージが伝わってくる**からです。

相手を思いやるかのような「あなたのため」という言葉や、「普通」「一般的に」といった常識と正論を振りかざした言葉で説得しようとすると、男性は不信感でいっぱいになります。「あなたはダメ」というメッセージを受け取り続けることになるので、二人の関係は壊れてしまうのです。

人は、ありのままの自分を肯定してもらって初めて、相手を信頼できます。
連絡できないときもあるよね。
イライラするときもあるよね。
タバコやめるのって難しいよね。
ダイエットって続かないよね。
肯定してもらって、初めて「変わらないとな」と思えたりする。

信頼関係ができると、相手を尊敬するようになり、

「この人が言うならそうかもしれないな」

「この人の意見を参考にしたいな」

と自然に思えるようになるものです。


「変わりたい」と本人が思えば変わります。

それを知っている〝愛され上手〟な女性は、長い目で見て、まず相手を変えようとしない。

大事なのは「信頼関係」だからです♡

長く一緒にいない

〝会えない時間が愛を育てる〟という歌が昔あったのですが、一緒にいすぎると、恋は短命です。夫婦でもそう。お互いに優しさや思いやりが薄れてしまいます。

私が、ヘチマのように観察してきた統計では、いつも男性に追われている女性は、何か心ここにあらずなところがある（笑）。

どういうことかというと、よく携帯が鳴ったり、何か別に楽しそうなことがあったり、彼との別れ際にも「じゃあまたね♡」とあっさり笑顔で帰ったり。

単純に自分の楽しいことを優先しちゃう、自由度の高い女性だったりするのだけど、結局、**一緒にいない時間が愛を育てている**のだと思う。

私は同棲を勧めていません。婚約して両家の挨拶が終わっていない限り、同棲はダメ。なぜなら、**一緒に住んでしまえば、それが〝恋のピーク〟になる**からです。

一緒に住みたいなと思えるくらいが1番長続きします。夫婦も、「もう少し一緒にいる時間欲しいね！」くらいが、1番お互いを大切にできる。


講座生のEさんとご主人は、ずいぶんと長く連れ添ったご夫婦。そのご主人は飲み会や、女性のいるお店が好きで頻繁に飲みに行っていたそう。

Eさんは、それをやめてほしいとご主人に訴えていたそうなのですが、ある時期からご主人には自由に飲みに行ってもらい、その時間に、Eさん自身もオシャレをして友達と飲みに行くようにしました。そうすると、ご主人は自然に早く帰ってくるようになり、飲みに行く回数も少なくなっていったそうです。


お互いの自由な時間が、一緒にいる時間をより素敵なものに変えてくれたり、会えないからこそ相手の優しさに気付けたり……。

〝愛されて仕方ない女性〟になりたかったら、〝一緒にいない時間〟を食い気味で確保しよう。

彼が大事にしているものを大事にする

彼から、前の彼女の話が出ることはありますか？

「前の彼女にこうやって言われてさ」とか、「前の彼女とこういうことがあって」とか、名前は出さなくても、「俺、連絡欲しいってしつこく言われその、いやなんだよね……」って前の事例を匂わされたり。


そんなことを言われると、「しつこいのは嫌いなんだな、私はやらないようにしよう」とか勝手に気を利かせてしまったりするかもしれませんが、私は**元カノの肩を持つことを推奨しています。**

「連絡欲しい欲しいって言われるの、苦手なんだよね……」と言われたら、「付き合ってるんだから、女性はみんな連絡欲しいのが普通よ」「前の彼女とこれでケンカになってさ」、と言われたら「そりゃなるよね。女性はやっぱり嫌だもん」と返す。

彼の愛した人の肩を持つことで、彼をわがままにしないというテクニックです。

彼の言う〝悪口〟を一緒になって言ってしまうと、彼をわがままにする。

男性はちょっと叱ってくれる女性が好きなものです。

お母さんのことも、「親がうるさいんだよ」と言われたら、「うるさいおかげで、ちゃんとした人間になれたんだから感謝しなさいな」とか、彼の大事な家族の肩を持つ。

彼にとって大事なもの（家族）、過去の実績（元カノ）を本人が否定したときに、その否定を否定することで、一本筋のとおった信頼される女性になれると思うのです。

特に、お母さんを否定されないことは、「面倒なことがない」感じがして、結婚までスムーズに考えられるのでは？　と思います。

彼の発言を鵜呑みにせず、彼を大切に思う人の味方ができる女性でいたいものです♡

彼をキャプテンにする〝クルー力〟

「男運がありません」「ダメな男性にばかり好かれるんです」なんて話を聞くこともあるけれど、ダメな男性がいるのではなく、その男性のダメな部分を引き出してしまっているだけ。

女性次第で〝男性からどんなものでも引き出せる〟と、私は思っています。

男性からいつも愛情を引き出せる人もいれば、いつも暴言を引き出しちゃう人もいる。〝ダメな人〟だと思って接していればダメな人になっていくし、〝できる人〟だと思って接していればできる人になっていく。

彼から引き出されているものは、**私たちが〝彼をどう見ているか〟**です。

私は、夫のことを家族という船の〝キャプテン〟だと思っています。

私と子どもたちはクルー。沈没しないように団結して進んで行きます。時には臨機応変に〝キャプテン補佐〟もするかもしれないんだけど、あくまでも、我が家の船の代表は〝主人〟であり、私はキャプテンの指示に従うための〝信じる気持ち〟を持っています。

彼が頼りない、しっかりしてくれないと不満を抱えて、「自分が全部やらなきゃ」「私がやれば彼は助かる」「悩ませたらかわいそう」と、常に前に出過ぎていると、彼から〝責任感〟を引き出せなくなると思うのです。

責任や覚悟は、悩んだり考えたりしながら、自分で決めて動くことで身につくもの。

いい男でいてほしいなら、彼を信じて彼の仕事を取らないことです。

彼が失敗しないと信じるのではなく、「どんな結果も乗り越えられる人だと信じること」も大事。

頼れる男性にするもしないも、私たち次第です♡

結婚したいとはっきり言う

結婚したいなら、**結婚したいと口にすることは、とても大切です。**

いい人がいれば、結婚できそうだったら、いつかは、タイミングが合えば。

そんなうやむやな気持ちでいれば、〝結婚〟は私たちにとって、「しなくていい」ものとしてその通りに叶っていく。

私はシングルマザー時代、「結婚したい」と言うことがとても恥ずかしかった。

心の中にはあった、「結婚したい」「幸せになりたい」という思いとは裏腹に、付き合っている彼に合わせて自分の理想を書き換えてきた私は、「彼はしたくなさそうだから、しなくても一緒にいられたらいいかな」、自分で決めた、シングルマザーという生き方に責任持ってないと周りに思われたくないから、「結婚したいなんてダサくて言えないな」と思っていました。

つまり、「結婚したい」けど、「結婚したい」とは口にすることなくきたわけです。

ところがある日、友達のご主人が、うちの息子とプロレスをして遊んでくれている光景を前に、友達が言ってくれた、「子どもとプロレスしてくれる人と結婚したいね」という一言が、優しく刺さり、「私、息子も一緒に幸せにしてくれる人と絶対結婚しよう」とその瞬間決めたんですよね。

そこからは、「結婚したい」と常に周りに言い、付き合った彼にも「結婚したいと思っているよ！」と言い、取り巻く環境は、すごく変化していきました。

〝結婚〟を叶える環境ができていくわけです。

結婚したいと口にできるということは、結婚できない彼が必然といなくなるということ。

よくいただく相談で、「私は、彼と結婚できるのでしょうか？」というものがあります。例外もあるかもしれないけれど、2回結婚した経験から確信を持っていることがあります。それは、**今プロポーズしない彼は、私たちが棺桶に入ってもしない。**

はっきり言うと、彼が結婚する気があるのかわからない……とモヤモヤしている人は、それを彼と話せない時点で、もう〝プロポーズコース〟からは脱線している（彼から優しい〝先延ばし〟をくらったときも同じく）。

結婚するときは、水が流れるようにスムーズに進む。

もう、そうなっていく。そうなるんです。

変な計算とか、不安とか、どうしようとか、そういう女性側のストレスがゼロ。

知らぬ間に進んでいって、「こわ‼」と思うことがほとんど！

一緒にいたいなと少しでも思えば、その3倍くらいの食いつきで、「俺も一緒にいたい‼」となる。

「結婚しちゃったりしてね」と少しでも思えば、その3倍の食いつきで、「しようよ‼」となる。

結婚が決まる恋愛は、最初からなんだかよくわからないけどスムーズなのです。

個人的には、2回とも、結婚が決まる恋愛は、私のほうが、「結婚になってるけど、大丈夫だろうか……」と怖くなった（笑）。

だから、生徒さんで結婚が決まりそうでビビってる女性には、いつも、「根拠はないけど、絶対そっちで大丈夫♡」と言っています。

プロポーズコースの恋愛とは、ありのままの自分でいられて、彼を束縛することもなく、自分の意見がはっきり言えて、〝愛される〟恋愛。

愛されることと、追いかけることは共存しないし、愛されることと、選ばれたいと思う気持ちも共存しない。

だから、〝追いかけて〟いて、〝選ばれたい〟と思っている人は、プロポーズコースとは違うのだ。

自分の人生は、自分で決める。女性は年齢上後悔することもあるから、あなたの人生を背負う気がない彼に、あなたの人生を売ってはいけない。

だから、結婚したいと思うなら、結婚したいと口に出して、言っていくことが大事です。

私が選ぶ気持ちを忘れない

恋する前こそ、「この人いいな♡」とこちらも選んでいるかもしれないけれど、恋がはじまってからは、相手を〝選ぶ〟意識がある人は少ないように思う。大好きになってしまうと、〝選ばれる〟ことに必死で、「結婚したいって思ってもらうには」と考えてしまったりする。だんだん選ばれることに意識がいくんです。すると他人軸になり、小さな我慢を重ねるようになってしまいます。ちょっとしたマインドコントロールにハマっていく……。

でも私は、**「私たちが、相手を選ぶんだよ」**と言っています。

すると、シングルマザーの生徒さんには、「え!?　私が選んでいいの!? !?」「衝撃的で目から鱗です!!」と言われました。

恋愛ではないけれど、私は仕事の面接の合格率がとても高いです。それはおそらく、「私が会社を選ぶ」気持ちが常にあるからだと思ってる。

面接をする側になったこともあるけれど、〝選ばれたくて〟頑張る人と、〝選び、選ばれよう〟という気持ちの人とでは、受ける印象はかなり違うと感じます。


自分が選ぶという気持ちを持っている人は、〝自分が相手に与えられるもの〟に自信があるということ。

仕事の場合なら、相手に「一緒に働きたいな」と思わせるし、恋愛なら、「ずっと一緒にいたい」という魅力を感じさせる。

「でも私、与えられるものなんてないし……」なんて思わないで。**与えられるものって、すごいことができるかどうかは関係なく、みんな絶対に持っているの。**

会うと元気になれたり、落ち着いたりって、そういうもの。

あなたは気付いてないだけで、必ずあるんです。


講座生のMさんは、彼が「一軒家とか俺には縁のない話かな」と言ったことで、結婚する気がないんだと思い、落ち込んでしまっていました。これは、選ばれる意識の場合にしてしまいがちな反応です。

自分が選ぶ気持ちがあれば、二人の未来のレールを敷くのも自分ということになります。すると、「こんなことを言うなんて、私と結婚できるのか不安になっているのかな？」と考えることができます。

その後Mさんは、「いつまで付き合っているかわからないけどね」という彼の言葉に、自分が選ぶ側の視点から、「私と別れる気なの？」と尋ねたそうです。すると、彼から「結婚を考えているけど、こんなに早い段階で話していいのかわからなかった」と言われたそう。

自分が選ぶ気持ちがちゃんとある人ほど、自分の魅力をしっかり咲かせて相手に堂々と愛を与えています。

だから忘れないで欲しい。自分の幸せは自分で決めるもの。

私たちは、選ぶ側だよ♡

とにかく優しく。慣れ合いの関係にこそ気をつける

いつも、チワワのような眼差しで、傷つきやすそうにしていたら「優しくしてあげなきゃ」と思うのかもしれないけれど、残念ながら男性は〝平気〟〝余裕〟という態度を取るものです。

男性は外に出たら七人の敵がいると言うけれど、みんな競争社会の中で強くありたい自分と戦っています。

そんな〝戦闘モード〟な男性からは、「俺は大丈夫」「俺は強い」というメッセージが伝わってくるので、私たちもなんとなく「大丈夫なんだろう」と思ってしまいます。でも実は、**男性は「優しくされたくてたまらない」生き物**です。

付き合いが長くなったり、結婚したり、子どもが産まれたりするとなおさら、優

しくする必要がなくなるように感じ、つい「これくらいいいでしょう」というものの言い方や態度になってしまう。

そんな**慣れ合いの関係こそ、〝優しさ〟を大事にして欲しい。**

結婚5年目になるけれど、私はできるだけ「ありがとう」と言うようにしています。それは、すごいことをしてくれたときだけじゃなく、毎月訪れる給料日や、子どもをお風呂に入れてくれる日常や、テーブルのお醤油を取ってくれたときなど。

〝当たり前〟だからこそ、〝優しく接する〟こと。

すると夫も、ごはんの後に必ず、「今日も美味しかった！　ありがとう」と言ってくれる。言われるたびに、優しくされることの嬉しさを感じます。

夫婦のパートナーシップを学びに来てくれているOさん。

ご主人との関係をよくしたいという思いから、講座で学んだ〝何もしない〟を実践してくれていました。

でもそれは、ご主人の気を引きたいだけで、「私のためにもっと動いてくれて当然」という気持ちがベースの〝くれくれ状態〟になっていることに気づいたそうです。

そこで、優しい言葉をかけたり、尊敬する気持ちを伝えたり、ご主人のためになるように動きました。

すると、ご主人の目の輝きと表情が変わり、優しくなり、笑顔を見せてくれるようになったと話してくれました。

はじめは自分から動いて、なにも変わらなかったら……とためらっていたそうですが、Oさんの「自分から優しくする」が二人の関係を愛あるものにしたんだと思います。

カップルも夫婦も、**お互いへの小さな優しさを〝当然〟にしないことで、仲良しな関係が保てる。**

一緒にいて当然の関係だからこそ、〝優しさ〟は効いてくる。

女性らしい優しさを忘れずに、彼を大切にしていきましょう♡

一度してもらえたことは何度でもしてもらえる

彼に執着している女性は、「もう二度とこんな人は現れない」と思ってる。

もう二度と、こんな私を好きになってくれる人はいない。

もう二度と、こんなに愛をくれる人はいない。

もう二度と、こんな人には出会えない。

「もう二度とない」と思うから、見捨てられないよう必死になったり、彼の機嫌をとるために我慢をしたりする。

よくあるパターンで、ダメな恋愛の定番。

はっきり言いますが、**「もう二度とない」というのは、〝幻〟です。**

自分が勝手に作り出している〝想像〟。


何度、新しい恋をしても、私は毎回「この人がいなくなったらもう誰も好きになってくれない」と思っていました。そんな私を見て、友人がしらけた目をしながら（笑）はっきりと言ってくれた、「マインドコントロールされちゃってるね」という言葉を思い出す。

そう、マインドコントロールされてるんですよね。自分に。

とても愛されてるとは言えない状態でも、彼は私の中で〝神様〟になってしまっていました。

そんな、〝絶賛マインドコントロール受けまくり中〟の皆さんに言います！

一度、してもらえたことは、もう扉が開いているから、何度でもしてもらえるの。

その程度の男性くらい、何度でも現れる。

むしろ、**それ以上の男性しか現れない♡**

一度経験すると、扉は開く。初めてタクシーに乗ったとき、初めてホテルで一杯1500円のコーヒーを飲んだとき、「そうそうない！」と思っても、絶対また経験するし、ハードルも下がってる。

扉が開くというのは、「経験」したことで、自分に「許可」できたということ。

人は、「経験していないこと」や「想像できないこと」を自分に許可することができない。

一度でもしてもらえたら、またしてもらう「準備」が自分の中にできているのです♡

だから、もう二度とない！　と決めていない限り、何度でもしてもらえるの。

一度してもらえたことは、何度でもしてもらえる。

不安になるときには、**これ以上はあっても、これ以下はないから大丈夫だ♡と自分で自分を安心させること。**

自分の気持ちが結果に出る。

どんな風に考えるかは、自分次第。

どんな未来も自分で決められるのです♡

彼が豊かになるように接する

絶対に、負けないテクニックがある!!　んですっ。川平慈英さんのように、熱く言いたい。

それは、**彼の人生が豊かになるように接する**ということ。

……難易度こそ高いけれど、効果は絶大。そしてやめられなくなる愛されテクニックの一つ。

たとえば、彼が仕事関係の女性と二人でご飯に行くことになったとき、「嫌だな……二人？　ムカつく……でも仕事だし……」。モヤモヤしながら顔に「不機嫌です」と出てしまうのが、彼を好きな女性の普通の反応でしょう。場合によっては喧嘩になってしまってこじれてしまうかもしれないね。

ここで、自分の〝欲〟〝感情〟は置いておいて、彼の人生がもっと豊かになるという視点で、ちょっと他人だと思って接するとどうでしょうか？

正解は、食い気味で、「行ってきなよーいい仕事につながるんでしょ？」と言い放つ（笑）。

ここで大事なことは、**「いい仕事につながる（彼の人生が豊かになる）ことは大賛成だよん♡」**という姿勢。

なんでもかんでもＯＫする都合のいい女性になるとかではなく、むしろ、大切な人を守れない〝心の弱い男〟は別問題だというスタンスは忘れない。

あくまでも、彼の人生が豊かになることは、自分のヤキモチよりも尊重すべき大切なこと。という敬意です。

友達なら自然に応援できても、彼氏となると、「なんで？」と思ってしまうのが普通だから、これができる女性は無敵で確実に選ばれる。

「バレンタインチョコのお返し、何がいいかな……」と聞かれたら（そんなの私より高いの買わないでよ）とか心の声は置いておいて、「高いけど、これ買ってあげたら絶対会社での好感度上がるよー♡」と他の女性にお金を使うことを推奨したり、女性にはよくわからない、車への散財や1日やってるスマホゲームだって、基本的には、「それでまた頑張れるなら、いいんじゃない？」という気持ちを持っていること。

相手の気持ちになって、**相手の人生をコントロールしようとせず、自分のスタンスを変えていく**ことが、女の賢さだと思う。

ぜひ、彼の人生が豊かになるように、その辺の女とは違うのよ！　な接し方で絶対離したくない本命の女性になってくださいね♡

そっとしておく

「もっと彼に追われたいんです!!」と言いながら、追いかけてしまっている女性が壊滅的にできないこと。

それは、〝そっとしておく〟という行動。別名〝放っておく〟とも言います。

男性にとって自分一人で考える時間はとても大切。「放っておいてくれる」女性に弱いのです。

その昔、「放っておいて」と言われると、「もうお前のことは好きじゃない。終わりだよ」と言われていると思い込んだ私。

だから、「放っておいて」と言われるほど、「待って待って！　話し合いたい!!」と彼を一人にさせないように追いかけてしまっていました。

これ、本当にNGですから。

彼の「放っておいて」は、**「またいつもの自分になって戻ってくるからちょっと待っててね」**という意味。

あっさり身を引いて一人時間を与えてあげるべし。

「放っておいて」と言われたときに、それを「嫌いだよ」と訳してはいけないの。こじらせている女性は、自動ネガティブ翻訳機を搭載していて、なにを言われても「嫌いってことなんだ」と訳して、対応を間違えては、自滅する。

〝彼の時間を奪わない〟ことで、彼はどんどんいつもの自分を取り戻せる。反省もする。愛おしさが湧いてきたりする。気持ちが落ち着いてくる。

そうすると、必ず戻ってきて、「ありがとう」となぜか感謝されるものです♡

3章でも書いたけれど、「男性は感情的になれない」。感情をさらけ出すことは弱さだと思っている男性は、いつも冷静で平常心でいたいと思ってる。

感情的をよしとして、話し合いやケンカをしたがる女性のやり方とは違う。男性は感情的になっている女性を前にすると、一人で整理することが必須なの。

そっとしておくことの恩恵は多い。

どんどん一人時間をあげたほうがいい♡

時間をあげればあげるほど、なぜか彼の一人になりたい時間は短くなっていく（笑）。

気付いたら「一人はいいから、一緒にいたい」と私たちが追われているのです♡

「あなたのおかげ♡」は、彼を喜ばせるキラーワード

男性がめちゃくちゃ嬉しくなるキラーワードがあります。
それは、**「あなたのおかげ♡」**という言葉。

うちの祖父がよく言っていた、「男は絶対、誰に飯を食わせてもらってるんだ！と女に言っちゃいけない」。今になって思うけれど、この言葉は、「感謝されたい」気持ちの表れ（笑）。「あなたのおかげ♡」と言われたくてたまらない、女性が知っていると得をする、〝男心〟だと思う。

男心をつかむ女性は、見えない男心に気付ける人。
男性は「俺、感謝されたいんだよね」とは絶対言わない。むしろ、当たり前のふりをしたい。こんなこと、大したことじゃないよって言いたい。

でも本当は、**「え！　一人でやったの⁉⁉」**とか、**「すごい！　気付いてくれたの⁉」とか言われたいし、「本当にありがとう」と言われたい。**

漫画に出てくる男子が「礼はいらないぜ」って言うけど、礼は絶対にいるの（笑）。

「あなたのおかげ♡」を使える場所はたくさんある。

デートの後、電話の後、「○○くんのおかげで、明日も頑張れそう！」

何か相談に乗ってもらった翌日に、「○○くんのおかげでうまくいったよ！」

「楽しそうだね！」と言われたときも、「○○くんがいてくれるおかげだよ♡」

おかげ攻撃ほど、彼の心を喜ばせる言葉があるのかと思うくらい。**男の人は「感謝されたい」ということを恥ずかしくて器の小さいことだと思ってる。**

でも、本当はものすごく感謝されたい。

だから、私たちは率先して、「あなたのおかげ♡ありがとう」と言ってあげたいものです！

自由を許して、違いを楽しむ

恋愛下手な女性は、〝違い〟に目くじらを立てる。
「なんでそういうこと言うの？」「信じられない」「なんでそんなことするの？」「ありえない」。他人と関係を持つということは、〝違い〟を受け入れる人生勉強の繰り返しで、全てが同じ人なんていない。

よく言われるけれど、〝自分の常識は、他人の非常識〟〝他人の常識は、自分の非常識〟なのです。

真面目な女性は〝正論〟が好き。ふざけることが苦手かもしれません。
でも、まず相手の言動にもやっとしたら、

❶ 違いを面白がって

❷ 理由を聞いてみてほしい

男性がやる大抵のことは、「深い意味はないこと」だったりする。自分もそうだし、彼もそう。彼にとって深い意味がないことは、自分にとっても、深い意味がない♡と考え方を変えるのも一つ。

「理由があってやっていること」なら、それは彼にとっては大切にしていること。

彼の立場になって遮らずにちゃんと話を聞いてみる。

〝違い〟に目くじらをたてるのではなく、〝違い〟を面白がれる女性なら、彼もきっと歩み寄ってくれる。

価値観が同じじゃなきゃ一緒にいられないかと言ったらそれは違うと思うのです。

長く愛され続ける女性は、わかりあうことに重きを置かず、「価値観の違い」も楽しめる女性だと思う。

未来をフォローしたい男、過去をフォローしてほしい女

些細なことでケンカをしてしまったとき、すれ違いを最小限に抑えるために、知っておくといいことがあります。

それは、**男は〝未来〟の話、女は〝過去〟の話が好き**ということです。

ある生徒さんが、彼に対して怒っていたときの話です。

「後で電話するって言ったからずっと待ってたのに、かかってこない！」。翌日、やっと連絡が来て彼はこう言ったそう。「忙しくてかけられなかった。ごめん」「今日仕事が終わったら電話するから」。

こう言われても、彼女のモヤモヤは晴れず、「私って愛されていないのでしょうか……」と嘆いていました。男性らしい回答、女性らしいモヤモヤの典型的な例です。

男性は、こんな場面で、**理由（忙しかった）と挽回方法（仕事の後に電話する）を話します。**

しかし、それは、未来の話が好きだからです。**女性はここで過去と気持ちをフォローしてほしい**もの。「先週からあまり話せてなかったのに、寂しい思いさせて本当にごめんね」と言われて、初めて気持ちが落ち着くものです。

「『不安にさせてごめんね』って言われたら女性の気持ちは落ち着くんだよ」と男性に言っても、「男が同じこと言われたら、『いやいや不安になんてなってないし！』って思うけどね」と言われるのがオチ（笑）。

逆に、女性側に非があるときは、「理由の説明と、これからどうするのか、どう挽回しようと考えているのか」を求められるかもしれません。

そんな「違い」を理解して、彼からの提案をよしとした上で、男性にどうしてほしいのか、この場合、「『不安にさせてごめんね』って言ってくれると機嫌が直るよ」と伝えること。

未来の話、過去の話、どちらが好きでも、お互いに愛情を伝えたいということを忘れないで、わかりあいたいものです♡

出会ったときの自分を忘れない

今、お付き合いしている彼との〝はじまり〟を覚えていますか？

彼と出会った場所。

初めて二人でデートしたときの気持ち。

付き合った頃に言われた、嬉しい言葉。

普段、忘れてしまっていても、**意識していると愛が長続きすること。それは、「彼が、好きになった私でいる」ということ。**

私たちはどんどん変わっていくもの。気付いたら彼が好きになった私からは大きく変わっていることもあるでしょう。

彼から見て、いい変化もあれば、寂しい変化もあると思います。


彼が、あなたを選んだ理由がありますよね。

一緒にいると楽しくて。一緒にいると嬉しくて。それはあなたのどんな部分でしょうか？　思い出してみると、何が楽しかったのか、どんな遊びをしていたのか、そこにヒントがあると思うのです。

ある生徒さんは、「明るく笑い飛ばしてくれるところが好き」だと言われたことを、なるべく忘れないようにしていました。

付き合いが進んでいって馴れ合いの関係になりそうになっても、「明るく笑いとばす自分」を好きになった彼の気持ちを、忘れないようにしていたところ、お付き合いして1年も経たずにプロポーズされて結婚しました。

私も夫とお付き合いしていた当時の遊びを、定期的にしています。

お互いに〝初心〟に戻れる、ただ「好きだな」って気持ちに戻れる大事な時間。

彼が好きになったあなたをなるべく維持しましょう。男の人の方が、ロマンチストなもの。少しの心がけで長く愛される女性になれるのです♡

おわりに　〝不安0%の恋〟をはじめよう♡

この本を書き上げた二週間後に、第三子となる男の子を出産しました。

今、スヤスヤ眠る赤ちゃんの横で、起こさないように静かにあとがきを書いています。


悩んでいた頃の私は、「こんなに悩んでいるのは私しかいない！」と思い込んでいて、いつも「正解が知りたい」と思っていました。

何をやってもいつもうまくいかない。いつも辛くて泣いている。

そんな自分にほとほと疲れて、「こうしたら幸せになれるよ」という〝答え〟が欲しいと思っていたんですよね。


本書では、当時私が欲しかった〝答え〟をたくさん書きました。

この本で繰り返しお伝えしてきた、最も大切なメッセージは、「自分を大切にしましょう」ということ。

自分を大切にするほど、周りからも大切にされることを実感してもらえたら嬉しいです。


最後に、今回この本を出すにあたり快く協力をしてくださった生徒の皆様、ずっと寄り添ってサポートしてくださった大和出版の時さんに、心からの感謝をお伝えします。ありがとうございました。

いつも側に置いてなにかあればすぐに開いていただける、あなたの心に寄り添える、そんな〝お守り〟のような本に思ってもらえたらとても幸せです。

皆様に、温かくて穏やかな〝愛されＬｉｆｅ〟が続きますように……♡

高橋あい

彼からの「大好き！」が止まらなくなる♥
“不安《ふあん》0%《ぜろ》の恋《こい》”をはじめる方法《ほうほう》

2018年11月30日　初版発行
2018年12月7日　2刷発行

著　者……高橋《たかはし》あい
発行者……大和謙二
発行所……株式会社大和出版
東京都文京区音羽1-26-11　〒112-0013
電話　営業部03-5978-8121／編集部03-5978-8131
http://www.daiwashuppan.com
印刷所／製本所……日経印刷株式会社
装幀者……小口翔平＋岩永香穂（tobufune）

ISBN978-4-8047-0558-3